国家中等职业教育改革发展示范学校特色教材

（物流服务与管理专业）

物流信息技术实训

杨　韧　刘文勇　**主　编**

陈　玲　刘坚强　**副主编**

中国财富出版社

图书在版编目（CIP）数据

物流信息技术实训／杨韧，刘文勇主编．—北京：中国财富出版社，2014.7

（国家中等职业教育改革发展示范学校特色教材．物流服务与管理专业）

ISBN 978－7－5047－5270－3

Ⅰ.①物…　Ⅱ.①杨…②刘…　Ⅲ.①物流—信息技术—中等专业学校—教材

Ⅳ.①F253.9

中国版本图书馆 CIP 数据核字（2014）第 138379 号

策划编辑　崔　旺		责任印制　方朋远	
责任编辑　葛晓雯		责任校对　杨小静	

出版发行　中国财富出版社（原中国物资出版社）

社　　址　北京市丰台区南四环西路 188 号 5 区 20 楼　　邮政编码　100070

电　　话　010－52227568（发行部）　　　　　010－52227588 转 307（总编室）

　　　　　010－68589540（读者服务部）　　　010－52227588 转 305（质检部）

网　　址　http://www.cfpress.com.cn

经　　销　新华书店

印　　刷　北京京都六环印刷厂

书　　号　ISBN 978－7－5047－5270－3/F·2179

开　　本　787mm×1092mm　1/16　　　　　版　　次　2014 年 7 月第 1 版

印　　张　11.75　　　　　　　　　　　　　印　　次　2014 年 7 月第 1 次印刷

字　　数　271 千字　　　　　　　　　　　定　　价　23.00 元

前　言

　　《物流信息技术实训》是物流服务与管理专业的核心专业课。本教材为了配合目前中职理实一体化教学模式改革，以适度、够用为原则，适当地甄选理论知识，以物流企业对信息技术人才的实际需求确立典型的实训任务，本教材以技能操作训练为主线，同时提供完善的过程评价表。体现做中教、做中学的教学理念，同时培养学生自主学习、合作学习的职业素养。

　　针对中职学生的学习特点，本教材每个实训任务均采用了情景导入，明确了实训的目标，在实训步骤中大量使用实际操作的图片作为技能实训的指引，文字风格朴实简练，使学生在学习过程中易学易懂。

　　本教材主要内容包括：数据库与网络技术、条码技术应用、RFID 技术与手持终端的使用、POS 与 EDI 在物流中的应用、GPS 与 GIS 在物流中的应用、EOS 与 EFT 在物流中的应用。本教材围绕物流企业常用的信息技术和信息设备，编排实训内容，既收集了必要的理论知识，又突出了物流实务。

　　本教材由江西省商务学校流通技术系教师编写，杨韧、刘文勇担任主编，负责总纂、修改并统稿。陈玲、刘坚强担任副主编，负责稿件的收集、审核。具体章节编写分工如下：杜月奴编写项目一，刘文勇编写项目二，陈玲编写项目三，杨韧编写项目四，胡婧文、刘坚强编写项目五，杨韧、涂静编写项目六。

　　本教材编写工作得到了深圳市华软新元科技有限公司的大力支持，谨致以衷心的谢意。

　　由于编者水平有限，书中难免出现疏漏和不足之处，恳请读者批评指正，以便今后修改提高。

编　者

2014 年 5 月

前　言

目　录

项目一 数据库与网络技术

任务一　数据库技术训练

【任务情景】

小陈作为江西省诚信物流中心的信息管理人员，为了方便数据的保管和查询，今天经理要求他针对公司的部门信息、员工信息及业务信息建立数据库。

【实训目标】

1. 掌握关系数据库管理系统常见产品的技术特点。
2. 了解数据仓库的定义，了解数据挖掘的概念、工具和应用。
3. 了解当前常用关系数据库的软件及应用。
4. 学习建立数据库。

【实训相关知识】

一、数据库的定义

数据库（Data Base，DB）是指存储在计算机存储设备上，具有相同结构的数据、数据文件和用于处理这些数据文件的程序的集合。

二、数据库的特点

（1）数据共享。数据共享包含所有用户可同时存取数据库中的数据，也包括用户可以用各种方式通过接口使用数据库，并提供数据共享。

（2）较高的数据独立性。数据的独立性包括数据库中数据库的逻辑结构和应用程序相互独立，也包括数据物理结构的变化不影响数据的逻辑结构。

（3）数据实现集中控制。文件管理方式中，数据处于一种分散的状态，不同的用户或同一用户在不同处理中其文件之间毫无关系。利用数据库可对数据进行集中控制和管理，并通过数据模型表示各种数据的组织以及数据间的联系。

（4）数据的冗余度小。同文件系统相比，由于数据库实现了数据共享，从而避免了用户各自建立应用文件。减少了大量重复数据，减少了数据冗余，维护了数据的一致性。

（5）数据的安全控制、完整控制和并发控制。安全控制：以防止搜索数据丢失、错误更新和越权使用；完整控制：保证数据的正确性、有效性和相容性；并发控制：使在同一时间周期内，允许对数据实现多路存取，又能防止用户之间的不正常交互作用。

三、数据库系统的组成

数据库系统一般由数据库、数据库管理系统（及其开发工具）、应用系统、数据库管理员和用户构成。

1. 硬件平台及数据库

由于数据库系统数据量都很大，加之 DBMS 丰富的功能使得自身的规模也很大，因此整个数据库系统对硬件资源提出了较高的要求，这些要求是：

（1）足够大的内存，存放操作系统、DBMS 的核心模块、数据缓冲区和应用程序。

（2）有足够大的磁盘等直接存取设备存放数据库，有足够的磁带（或微机软盘）作数据备份。

（3）要求系统有较高的通道能力，以提高数据传送率。

2. 软件

数据库系统的软件主要包括：

（1）DBMS。DBMS 是为数据库的建立、使用和维护配置的软件。

（2）支持 DBMS 运行的操作系统。

（3）具有与数据库接口的高级语言及其编译系统，便于开发应用程序。

（4）以 DBMS 为核心的应用开发工具。应用开发工具是系统为应用开发人员和最终用户提供的高效率、多功能的应用生成器、第四代语言等各种软件工具。它们为数据库系统的开发和应用提供了良好的环境。

（5）为特定应用环境开发的数据库应用系统。

3. 人员

开发、管理和使用数据库系统的人员主要是：数据库管理员、系统分析员和数据库设计人员、应用程序员和最终用户。不同的人员涉及不同的数据抽象级别，具有不同的数据视图，其各自的职责分别是：

（1）数据库管理员（Data Base Administrator，DBA）在数据库系统环境下，有两类共享资源。一类是数据库，另一类是数据库管理系统软件。因此需要有专门的管理机构来监督和管理数据库系统。DBA 则是这个机构的一个（组）人员，负责全面管理和控制数据库系统。

（2）系统分析员和数据库设计人员。系统分析员负责应用系统的需求分析和规范说明，要和用户及 DBA 相结合，确定系统的硬件软件配置，并参与数据库系统的概要设计。数据库设计人员负责数据库中数据的确定、数据库各级模式的设计。数据库设计人员必须参加用户需求调查和系统分析，然后进行数据库设计。在很多情况下，数据库设计人员就由数据库管理员担任。

（3）应用程序员。应用程序员负责设计和编写应用系统的程序模块，并进行调试和安装。

（4）用户。这里用户是指最终用户（End User）。最终用户通过应用系统的用户接口使用数据库。常用的接口方式有浏览器、菜单驱动、表格操作、图形显示、报表书写等，给用户提供简明直观的数据表示。

四、数据仓库与数据挖掘

（一）数据仓库

（1）数据仓库的定义：数据仓库是一个面向主题的、集成的、相对稳定的、反映历史随时间变化的数据集合，用以支持经营管理中的决策制定过程。

（2）传统的数据库系统中承担着两种使命，一是日常事务型处理（或称操作型处理），二是要完成企业管理层决策分析处理。所谓事务型处理是指对数据库进行日常的联机操作，如定期的数据查询、插入、删除和更新操作，数据库系统主要用于这种事务型处理。而分析型处理则主要是为了支持企业或组织管理人员的决策分析与决策制定。

（3）数据仓库的特点：①数据仓库是面向主题的。操作型数据库的数据组织面向事务处理任务，而数据仓库中的数据是按照一定的主题域进行组织。②数据仓库是相对稳定的。数据仓库的数据主要供企业决策分析之用，所涉及的数据操作主要是数据查询，一旦某个数据进入数据仓库以后，一般情况下将被长期保留，也就是数据仓库中一般有大量的查询操作，但修改和删除操作很少，通常只需要定期的加载、刷新。③数据仓库是集成的。数据仓库的数据有来自分散的操作型数据，将所需数据从原来的数据中抽取出数据仓库的核心工具来，进行加工与集成，统一与综合之后才能进入数据仓库。④数据仓库是随时间变化的。传统的关系数据库系统比较适合处理格式化的数据，能够较好地满足商业商务处理的需求。稳定的数据以只读格式保存，且不随时间改变。

（二）数据挖掘

（1）数据挖掘的概念：数据挖掘（DM）是从大型数据库或数据仓库中搜索有用的信息的过程，这与从矿山中挖掘矿石的过程是类似的，都需要对浩繁的材料进行筛选或是寻找有价值的数据。

（2）数据挖掘算法：数据挖掘技术是由数据驱动的，而不是由用户驱动的。用户在使用挖掘算法时，只要给出数据，不用解释算法程序怎么做和期望的结果，一切都由挖掘算法从给定的数据中得出结果。

（3）归纳学习方法（决策数）在什么条件下会得到什么值（结论）。

（4）数据挖掘的应用：数据挖掘可应用在各个不同的领域。如电信公司和信用卡公司：利用数据挖掘检测欺诈行为。保险公司和证券公司：采用数据挖掘来减少欺诈。广告：预测在黄金时间播放什么广告最好，怎样使插入广告的收入最大。零售和销售业：预测销售、确定库存量和分销计划等。医疗应用是另一个前景广阔产业：数据挖掘可用来预测外科手术、医疗试验和药物治疗的效果。制药公司通过挖掘化学物质和基因对疾病的影响，来判断哪些物质可能对治疗某种疾病产生效果。

五、数据库的分类

数据库分为传统数据库、多媒体数据库、面向对象数据库、集中式数据库和分布式数据库。

（1）传统数据库。传统数据库就是以基本数据（数字、文本等）管理为主的数据库系统，也是目前最常用的数据库，如财务管理、人事管理、教学管理、图书管理、物流仓储管理和进销存管理系统等。

（2）多媒体数据库。多媒体数据库是数据库技术的新兴领域，其管理对象从传统的字符型的信息媒体发展为包括图形、图像、声音和字符等多种类型的信息媒体。

（3）面向对象数据库。面向对象数据库系统是为了满足新的数据库应用需要而产生的新一代数据库系统。把面向对象的方法和数据库技术结合起来可以使数据库系统的分析、设计最大限度地与人们对客观世界的认识相一致。

（4）集中式数据库。集中式数据库是指数据库中的数据集中存储在一台计算机上，数据的处理集中在一台计算机上完成。系统及其数据管理被某个或中心站点集中控制。

（5）分布式数据库。分布式数据库系统通常使用较小的计算机系统，每台计算机可单独放在一个地方，每台计算机中都有 DBMS 的一份完整拷贝副本，并具有自己局部的数据库，位于不同地点的许多计算机通过网络互相连接，共同组成一个完整的、全局的大型数据库。

六、Visual FoxPro 6.0 系统介绍

Visual FoxPro 6.0 系统关系数据库管理系统是微软公司 1998 年推出可视化开发套件 Visual Studio 6.0 系统中的一个产品。目前，在国内使用的小型关系数据库管理系统中，Visual FoxPro 6.0 系统占据了重要地位，具有结构简单、使用方便、容易实现的特点，其应用范围最广、普及程度最高，是学习、应用关系型数据库管理系统的理想对象。Visual FoxPro 6.0 是一种自含型数据库管理系统，是解释型和编译型混合的系统，可以解释方式定义、操作数据库，也可以将操作过程编写为程序进行编译，脱离 Visual FoxPro 6.0 系统直接运行。例如：学生成绩管理系统、考试报名系统、工资管理系统等数据库应用程序一般都出自 Visual FoxPro 数据库管理系统。

【实训准备】

（1）数据库相关的知识，数据库的建立与使用。

（2）计算机基础知识。

（3）全班分组：6~8 人一组。

【实训地点】

物流专用机房。

【实训时间安排】

整个实训过程安排 4 个课时。

【实训工具】

计算机，Visual FoxPro 6.0 系统。

【实训步骤】

（1）每 6~8 人一个小组，每小组选出一名组长。

（2）使用 Visual Foxpro 6.0 建立一个项目"江西省诚信物流中心"，在这个项目中建立一个数据库"商品管理"。在"商品管理"数据库中建立一个数据库表"在库商品资料"（如表 1－1 所示）。具体步骤如下：

表 1－1 在库商品资料

序号	商品条码	商品名称	型号规格	单位	类别	数量
1	6924594400029	奥灵奇什锦水果罐头	450G	瓶	水果罐头	100
2	6910633000688	科技糖果水楂杷	430G	瓶	水果罐头	120
3	6900157550813	白鸽我滴橙果粒水果饮料	500ML	瓶	果汁饮料	90
4	6934024521156	都乐 100% 苹果汁饮料	250ML	瓶	果汁饮料	200
5	6908512208768	芬达	330ML	瓶	碳酸饮料	200
6	6942404210026	百事可乐	600ML	瓶	碳酸饮料	100
7	6911988012012	达利冰红茶	500ML	瓶	茶类饮料	90
8	6911988014320	达利园青梅绿茶	500ML	瓶	茶类饮料	120
9	6930445644450	厨工五香牛肉干	45G	包	家常熟食	220
10	6911988006547	可比克烧烤味薯片	45G	包	膨化食品	200

【步骤一】 创建新项目。

打开 Visual FoxPro 6.0，在菜单中选择"文件—新建"命令，选择"项目"按钮，然后单击"新建文件"，在"创建"对话框中输入项目名称"江西省诚信物流中心"（如图 1－1 所示）。

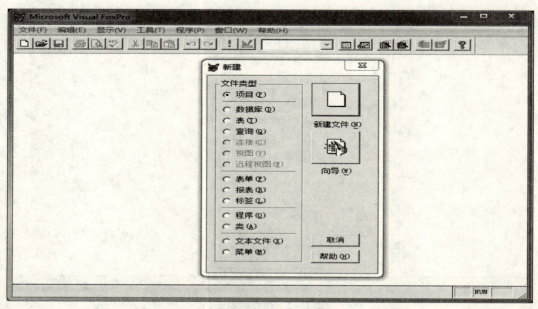

图 1－1 创建新项目

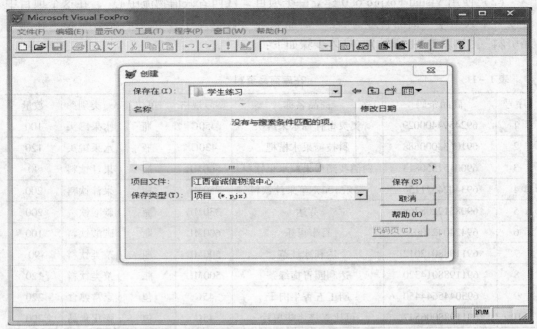

图 1-1　创建新项目（续）

【步骤二】建立数据库。

单击菜单中"新建"按钮，选择"数据库"，点击"新建文件"，在数据库名称中输入"商品管理"后，单击保存（如图 1-2 所示）。

图 1-2　建立数据库

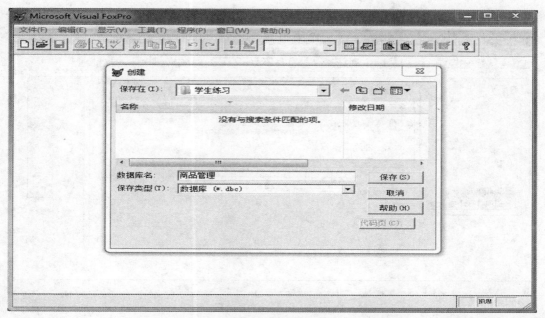

图 1 - 2　建立数据库（续）

【步骤三】建立数据库表。

（1）单击菜单中"新建"按钮，选择"表"，点击"新建文件"，在输入表名中输入"在库商品资料"后，单击"保存"弹出"表设计器"窗口（如图 1 - 3 所示）。

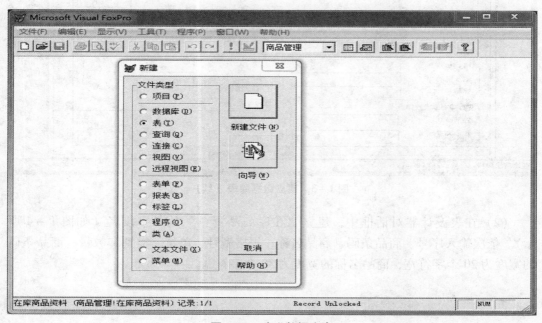

图 1 - 3　建立数据库表

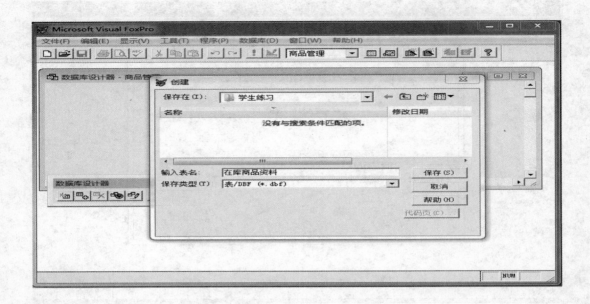

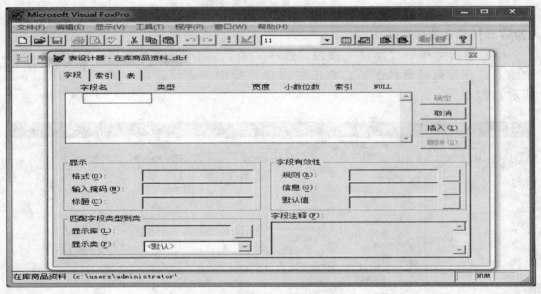

图1-3 建立数据库表（续）

（2）在表设计器对话框中，建立"在库商品资料"的各字段名（如图1-4所示）。依次输入序号、商品条码、商品名称、规格型号、单位、类别和数量。商品条码的宽度为20个字符宽，商品名称的宽度为30个字符宽。

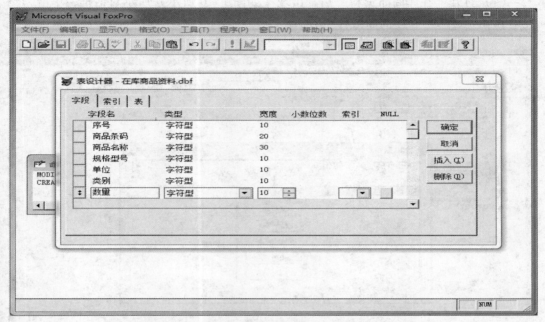

图1-4 建立"在库商品资料表"的各字段名

（3）选择菜单工具栏上的"打开"按钮，在"文件类型"中选择"表"，再选择"在库商品资料"，单击"确定"打开（如图1-5所示）。

图1-5 打开"在库商品资料表"

（4）打开"在库商品资料"后，出现（如图 1 - 6 所示）所示对话框，单击"浏览"按钮，进入"在库商品资料"对话框。

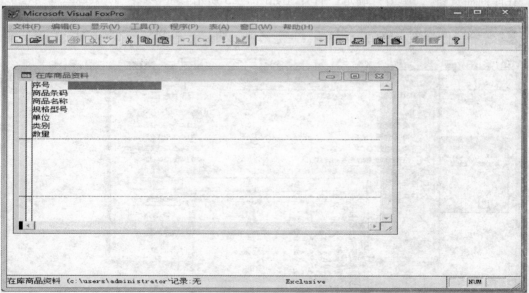

图 1 - 6　打开"在库商品资料"对话框

（5）在"在库商品资料"中按照表 1 - 1 的内容添加记录，按"CTRL + W"存盘退出（如图 1 - 7 所示）。

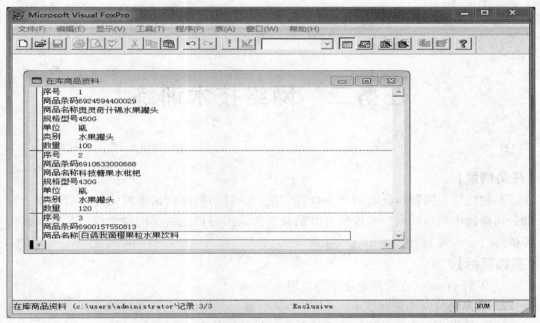

图 1 – 7 录入"在库商品资料表"的记录

【注意事项】

（1）再熟悉数据库概念的基础上，着手建立"商品管理"数据库文件，并创建在库商品资料表。

（2）在数据库结构中，每一个字段都需要设计 4 个内容：字段名、类型、宽度、小数位数。

（3）输入数据库记录，逐条输入，输入完毕后，保存退出。

【实训评价】

数据库的建立能力评价评分表如表 1 – 2 所示。

表 1 – 2   数据库的建立能力评价评分表

考评人		被考评人	
考评地点			
考评内容	数据库的建立		
考评标准	具体内容	分值（分）	实际得分（分）
	熟悉数据库在物流领域的应用，能够独立归纳物流业务单证，并转化为计算机能够处理的表格	30	
	能够顺利创建好"部门项目表"数据库文件的库结构	40	
	能够顺利输入"部门项目表"数据库的记录	30	
合　计		100	

任务二　网络技术训练

【任务情景】

　　某物流公司拥有四台电脑和一台打印机，该公司的经理请来网络技术员小李，帮助公司搭建小型局域网，实现所有电脑共享接入因特网、共享网络文件、共享网络打印机。

【实训目标】

　　1. 了解 Intranet 在物流企业中的应用。

　　2. 掌握局域网的联网技术。

　　3. 熟练操作路由器的设置，文件共享、打印机共享。

【实训相关知识】

一、Internet/Intranet

　　（1）Internet：Internet 创建于 1969 年，是美国国防部将各种不同的网络连接起来，建立了一个覆盖全国的网络，用来进行各种科学研究活动。到 20 世纪 80 年代，该网的规模迅速扩大，很快发展成为全世界最大的互联网。其性质也从原来的科研网变为商业网，Internet 商业也应运而生。

　　（2）Intranet：Intranet 网络的基本组成分为三部分：网络、服务器和客户机。如图 1-8 所示的网络是组成 Intranet 的核心，它可以是一个局域网或是多个小型网的组成；服务器一般是指运行 Web、E-mail 和 FTP 等应用程序的计算机；客户机可以让用户通过运行客户软件来访问 Intranet 资源。

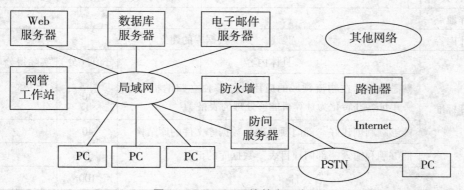

图 1-8　Intranet 的基本组成

（3）Intranet 在物流企业中的应用：对于物流企业而言，物流企业的内部网 Intranet 是 Internet 技术在物流企业的应用，是物流企业内部信息管理和交换的基础设施。

建设物流企业内部网络的目的是集成各种先进技术，以数据应用为核心，扩充计算机信息处理能力，采用最新的公众信息媒体（Internet），在行业和部门之间建立支持相关业务应用系统的数据处理和网络传输技术以便及时交流信息。

Intranet 就是把 Internet 技术应用于企业内部或企业之间的信息管理和交换平台，它基于 TCP/IP 通信协议和统一技术规范，通过简单的浏览界面，方便地集成各类已有系统，如生产物资与设备管理系统、决策支持系统、人力资源管理系统、成本管理系统、产品质量管理系统和办公自动化系统等。可以在网络环境下进行企业的计划、库存、商务、采供和资产管理等方面的数据查询、统计、分析、检索及物流商品化的信息集成处理。

由于企业管理信息往往是围绕数据这一核心技术进行开发和应用的，所以在采用 Internet 软件体系为基础进行开发的同时，又引入了数据库编程接口，如各类 ODBC 等，以满足企业用户对各数据库的访问。另外，Java 的使用，使得用户在共享超文本信息、访问数据之外，还可以共享功能日益强大的多媒体功能。

（4）物流企业网络的功能：①企业内部通信；②数据共享；③决策信息支持；④实时控制与监督；⑤网络安全与管理；⑥支持现场咨询。

二、局域网概念的介绍

（一）局域网概念

从直观来说，网络就是相互连接的独立自主的计算机的集合，计算机通过网线、同轴电缆、光纤或无线的方式连接起来，使资源得以共享，每台计算机是独立自主的，相互之间没有从属关系。

按地理位置分类，我们将计算机网络分为局域网（LAN）、城域网（MAN）和广域网（WAN）。网络覆盖的地理范围是网络分类的一个非常重要的度量参数，因为不同规模的网络将采用不同的技术。

所谓的局域网（Local Area Network，LAN），是指范围在几十米到几千米内办公楼群或校园内的计算机相互连接所构成的计算机网络。一个局域网可以容纳几台至几千台计算机。按局域网现在的特性看，计算机局域网被广泛应用于校园、工厂及企事业单位的个人计算机或工作站的组网方面。

（二）局域网的特点

（1）覆盖范围小。一般为数百米至数千米，如一所学校、一个企业、一个工厂、一幢大楼，甚至是一个房间。

（2）数据传输速率高。通常为 10～100Mbps，目前速率高达 Gbps 的局域网也已经广泛使用，可交换各类数字和非数字（如语音、图像、视频等）信息。

（3）误码率低。局域网通常采用短距离基带传输，可以使用高质量的传输介质，从而提高数据传输质量，误码率一般为 $10^{-11} \sim 10^{-8}$。

（4）以 PC 为主体，包括终端及各种外设，网中一般不设中央主机系统。

（5）建网成本低、周期短。由于网络区域有限，所用通信线路短，网络设备相对较少，从而降低了网络成本，缩短了建网周期。

（6）协议简单、结构灵活、便于管理和扩充。

三、局域网技术

（一）拓扑结构

局域网的常见拓扑结构有：星形网、环形网、总线网，以及混合型网。

（1）星形拓扑结构。是一种以中央节点为中心，把若干外围节点连接起来的辐射式互联结构（如图 1-9 所示）。星形拓扑结构的网络属于集中控制型网络，整个网络由中心节点执行集中式通行控制管理，各节点间的通信都要通过中心节点。这种连接方式以双绞线或同轴电缆作连接线路。

优点：结构简单、容易实现、便于管理，通常以集线器（HUb）作为中央节点，便于维护和管理。

缺点：中心节点是全网络的可靠瓶颈，中心节点出现故障会导致网络的瘫痪。

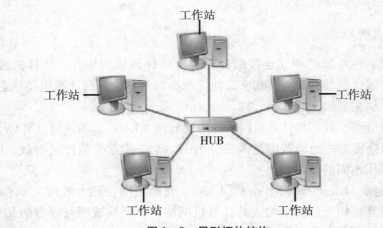

图 1-9 星形拓扑结构

（2）环形拓扑结构。各节点通过通信线路组成闭合回路，环中数据只能单向传输，信息在每台设备上的延时时间是固定的（如图 1-10 所示）。特别适合实时控制的局域网系统。

优点：结构简单，适合使用光纤，传输距离远，传输延迟确定。

缺点：环网中的每个节点均成为网络可靠性的瓶颈，任意节点出现故障都会造成网络瘫痪，另外故障诊断也较困难。

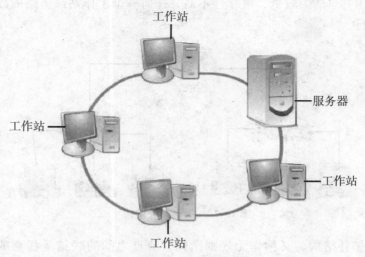

图 1 – 10 环形拓扑结构

（3）总线型拓扑结构。是将网络中的所有的设备通过相应的硬件接口直接连接在共同的传输介质上（如图 1 – 11 所示）。节点之间按广播方式通信，一个节点发出的信息，总线上的其他节点均可"收听"到。

优点：结构简单灵活、布线容易、可靠性较高，易于扩充，设备量少、价格低、安装使用方便。

缺点：所有的数据都需经过总线传送，总线成为整个网络的瓶颈；出现故障诊断较为困难。

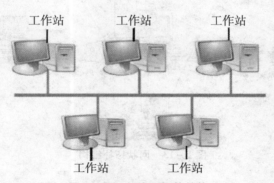

图 1 – 11 总线形拓扑结构

（4）树形拓扑结构。树形拓扑从总线型拓扑演变而来，形状像一棵倒置的树，顶端是树根，树根以下带分支，每个分支还可再带子分支（如图 1 – 12 所示）。树形拓扑结构是一种层次结构，节点按层次连接，信息交换主要在上下节点之间进行，相邻节点或同层节点之间一般不进行数据交换。

优点：连接简单，维护方便，适用于汇集信息的应用要求。

缺点：资源共享能力较低，可靠性不高，任何一个工作站或链路的故障都会影响整个网络的运行。

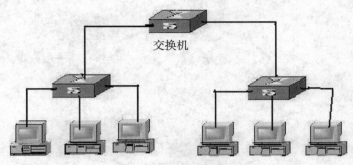

图1-12　树形拓扑结构

（5）网状拓扑结构。又称作无规则结构，节点之间的联结是任意的，没有规律（如图1-13所示）。

优点：系统可靠性高，比较容易扩展。

缺点：结构复杂，实现起来费用较高，不易管理和维护，不常用于局域网。

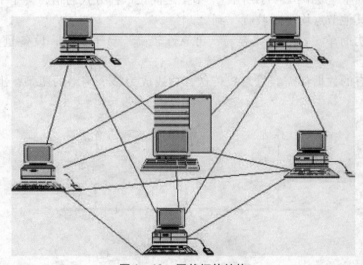

图1-13　网状拓扑结构

（6）混合型拓扑结构。就是两种或两种以上的拓扑结构同时使用（如图1-14所示）。

优点：可以对网络的基本拓扑取长补短。

缺点：网络结构较为复杂，网络配置，维护难度较大。

（7）蜂窝拓扑结构。蜂窝拓扑结构是无线局域网中常用的结构。它以无线传输介质（微波、卫星、红外线、无线发射台等）点到点和点到多点传输为特征，是一种无线网，适用于城市网、校园网和企业网。

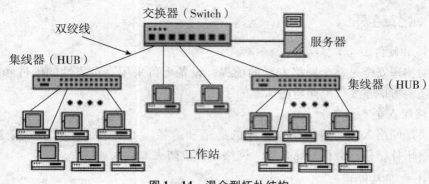

图 1 – 14　混合型拓扑结构

（二）网络共享

在局域网络中共享上网的方法主要有以下几种：

1. 第三方软件接入

目前，小型局域网内用户共享上网采用的第三方软件主要有两类：代理服务器类（Proxy Server）和网关类（Gate Way）。代理服务器类软件安装、设置简单，使用比较方便，用户上网的速度比较快；而网关类软件一般比较庞大，本身又要起到网关（协议转换器）的作用，用户上网的速度也因而受之影响，安装相对烦琐，应用的较少，但网关类软件能起到网络防火墙的作用，也是功能单一的代理服务器类软件无法与之相比的。

视软件要求不同，有的软件只需在服务器端安装，也有需在服务器端和客户端的计算机上都安装的，可据 Internet 连接方式功能要求不同进行相应设置。

常用的第三方软件如 WinGate、SyGate 等功能非常丰富，尤其是防火墙功能可将内部信息与外部信息进行分离，通过防火墙的过滤，起到对局域网内部的计算机数据的安全保护作用。故比较适合于通信量较大，且对内部网的数据安全性要求较高的局域网共享上网采用。

2. 用 Windows 操作系统自带的连接共享

在 Windows 系统中，集成了 Internet 连接共享的功能。将服务器端 Internet 连接根据系统提示设置成代理服务（Internet 连接共享），当客户机想访问 Internet 时，先向代理服务器提出请求，通过代理服务器中转，将请求发送出去；而外部数据同样也需经代理服务器中转，才能得到所需信息。

Internet 连接共享的功能比较单一，且不具备对内部网的保护作用，对网络的安全构成很大的威胁，只适用于网络规模较小且安全性要求不高的用户。

3. 直接通过硬件路由器共享

将路由器的 WAN 端连至 Internet，LAN 端连至局域网，因 ISP 提供的接入方式不同，路由器 WAN 端须进行不同的设置。

四、网络安全知识

1. 环境和硬件安全

网络的物理安全是整个网络安全的前提，设备上可采用高可靠性的硬件和多冗余的设计，还要考虑重要线路防电磁泄漏的手段。

2. 网络层安全

网络层是网络入侵者进攻信息系统的通道和途径。主要包括以下几个安全方面：安全的网络拓扑结构、数据加密传输、网络扫描、防火墙。

3. 操作系统层安全

（1）系统的强健性。为了保证操作系统稳定性的持续增长，需要不断跟踪有关操作系统漏洞的发布，及时下载来进行防范，同时要经常对关键数据和文件进行备份，随时留意系统文件的变化。

（2）病毒防范。防病毒广泛的定义应该是防范恶意代码。

（3）集中日志审计。集中日志审计体系可以将网络中所有操作系统的日志和审计记录及时汇总到一个集中地点并且导入数据库中用于长期的存储。管理员可以在集中日志体系上进行复杂查询和分析。

（4）用户的账户管理。对用户账户进行集中管理和统一的登入设定，规定系统各用户对系统各项信息的访问权限，监督用户活动、记录用户活动情况等。

（5）用户的识别和认证。身份认证技术是实现资源访问控制的重要手段，是落实企业网络安全策略的保证。

（6）操作系统的选择。应选用稳定性、安全性较强的系统。

4. 数据库层安全

（1）访问控制管理。设置读、写、执行等功能的相应权限以满足复杂安全环境的需要。

（2）数据库扫描。在不改变数据库管理系统本身的前提下，实现对数据库安全漏洞的检测。

（3）备份和容灾。将关键的数据、应用乃至整个系统备份到磁带上或进行异地备份，防止由于意外事故导致数据丢失。

5. 应用层安全

选用安全性较高的应用程序，正确配置，尽可能减少安全漏洞。

6. 操作层安全

制定用户守则、机房管理制度，分层次进行安全培训，建立员工安全意识。

【实训准备】

（1）学校机房的局域网。

（2）全班分组：每组 5~6 人。

【实训地点】

物流专用机房。

【实训时间安排】

整个实训过程安排 8 个课时。

【实训工具】

计算机，网线，网络通信设备，管理软件。

【实训步骤】

【步骤一】 用路由器将电脑连接起来。

将进户线与网络适配器相连，网络适配器通过双绞线再与路由器相连（如图 1 - 15 所示），路由器再通过双绞线与每一台 PC 机相连（如图 1 - 16 所示）。

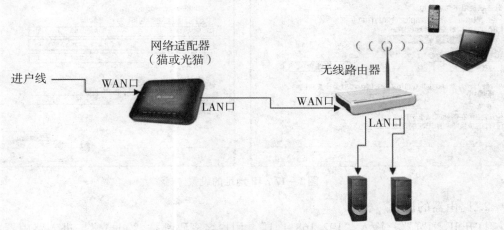

图 1 - 15　网络适配器与路由器连接示意

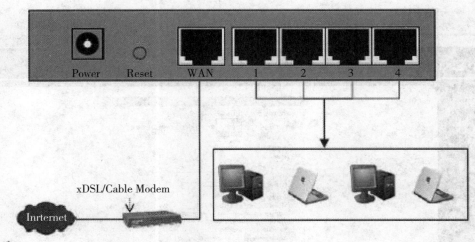

⚠ 注意：多个LAN口具有相同的功能。

图 1 - 16　路由器与客户端连接示意

【步骤二】 把所有电脑放到同一个工作中。

1. 将每台 PC 机的 IP 设置到同一网段内

设置方法为："开始" → "控制面板" → "网络连接" → "本地连接" → "属性" → "Internet 协议（如图 1 – 17 所示）。主机（接入 Internet 的 PC）IP 地址设置为 "192. 168. 0. 1"，子网掩码自动获得，其他 PC 机的 IP 地址必须和主机的 IP 地址在同一网段，即将 IP 地址设置为 "192. 168. 0. X"。

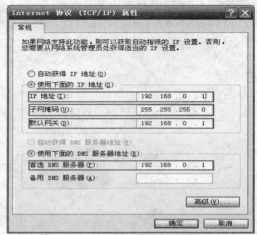

图 1 – 17　IP 地址的设置

2. 路由器的设置

打开 IE 浏览器，输入 "192. 168. 1. 1"。用户名密码都是 "admin"，进入路由器的设置（如图 1 – 18 所示）。

图 1 – 18　路由器的设置

【步骤三】安装协议。

（1）正确安装网络组件：打开"本地连接"—"属性"，在"Microsoft 网络客户端"和"Microsoft 网络文件和打印机共享"两项前打钩（如图 1 – 19 所示）。进入"TCP/IP 设置"启用 TCP/IP 上的 NetBIOS（如图 1 – 20 所示）。

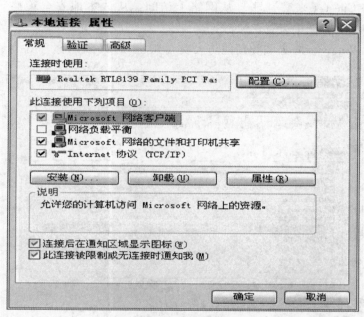

图 1 – 19 安装网络组件

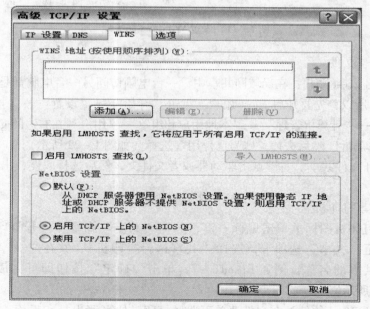

图 1 – 20 启用 TCP/IP 上的 NetBIOS

（2）打开了必要的服务：Computer Browser 服务：维护网络上的计算机列表；TCP/IP NetBIOS Helper 服务：实现 NetBIOS 名字解析；Server 服务：支持通过网络的文件和打印机共享。

（3）确认启用了 Guest 用户：从账户管理中设置。

（4）允许 Guest（来宾）账号从网络上访问：从"本地安全策略"—"本地策略"—"用户权力指派中设置"。

（5）设置 Windows 防火墙和其他防火墙（如图 1 – 21 所示）。

图 1 – 21　设置 Windows 防火墙

【步骤四】共享文件。

（1）开启 guest 账户：在局域网共享中，一台电脑访问另一台电脑都是以 guest 用户进行访问的，所以首先要开启 guest 用户。点击"开始"—"设置"—"控制面板"—"管理工具"—"计算机管理"—"本地用户和组"—"用户"在右边的 guest 账号上单击右键，选"属性"然后去掉"账号已停用"选择（如图 1 – 22 所示）。

（2）打开文件共享。右键点击驱动器或者文件夹，然后选择属性，出现如图 1 – 23 所示。

【步骤五】共享打印机。

（1）在打印机图标上单击鼠标右键，选择"共享"命令，打开打印机的属性对话框，切换至"共享"选项卡，选择"共享这台打印机"，并在"共享名"输入框中填入需要共享的名称，例如 EpsonT – 7，单击"确定"按钮即可完成共享的设定（如图 1 – 24 所示）。

（2）打开 Word 软件，在文件菜单下选择打印，便可调出打印界面，在此界面中，选择打印机列表（如图 1 – 25 所示），便可选择网络中共享的打印机进行打印了。

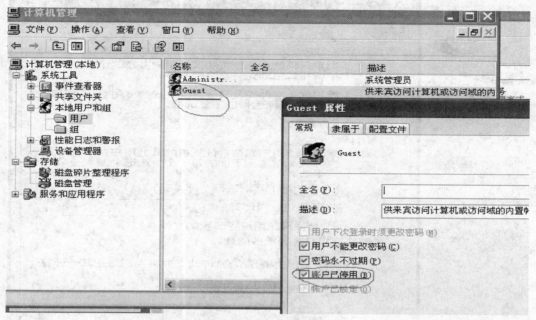

图 1 – 22 开启 guest 账户

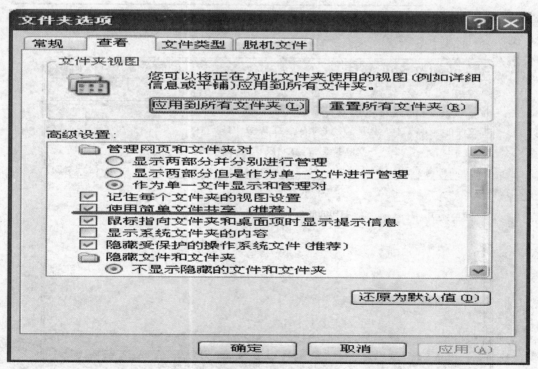

图 1 – 23 打开文件夹共享

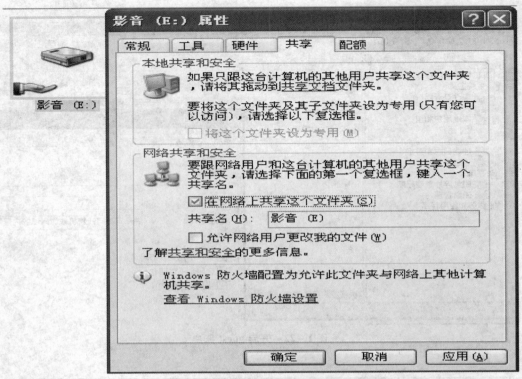

图 1 – 23   打开文件夹共享（续）

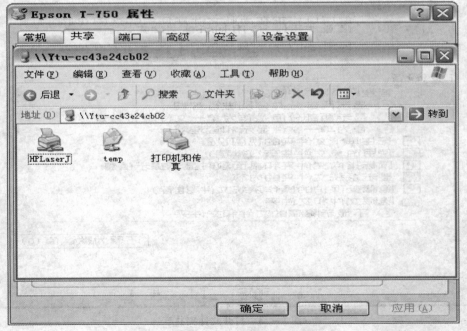

图 1 – 24   共享打印机的设置界面

图 1 – 25　调用共享打印机

【注意事项】

正确操作局域网。

【实训评价】

局域网的应用能力评价评分表，如表 1 – 3 所示。

表 1 – 3　　　　　　　　　　局域网的应用能力评价评分表

考评人		被考评人		
考评地点				
考评内容	局域网的应用			
考评标准	具体内容		分值（分）	实际得分（分）
	了解局域网的主要应用及使用效率		10	
	了解本机房局域网的类型		10	
	熟练操作局域网		40	
	能进行局域网一般的管理		40	
合　计			100	

项目二 条码技术应用

任务一　一维条码的制作

【任务情景】

江西省诚信仓配中心仓库管理员小王接到 K1 客户的入库货物，该客户订购了货物 A1，货物已经入库验收，现在需编制、打印货物的商品一维条码。

【实训目标】

学生通过本任务的实训，了解条码的概念、分类、特点和结构，掌握条码的编制知识，会使用相关软件打印商品条码。

【实训相关知识】

一、条码概述

条码又叫条码，它是一种以光电扫描识别的信息图形标识符，是由一组规则排列的条、空及其对应字符组成的标记，用以表示一定的信息。

（一）条码的技术特点

（1）信息采集速度快。
（2）信息输入可靠准确。
（3）信息采集量大。
（4）使用灵活、实用。
（5）采集自由度大。
（6）设备结构简单。

（二）条码的符号结构

一个完整的条码符号是由两侧空白区、起始字符、数据字符、校验字符（可选）和终止字符以及供人识读字符组成，如图 2-1 所示。

二、条码的类型

（一）按码制分类

（1）UPC 码：是一种长度固定的连续型数字式码制。
（2）EAN 码：长度固定的、连续型的数字式码制。

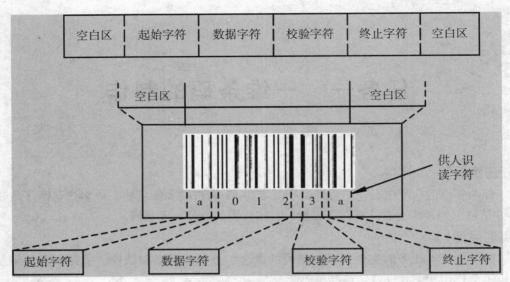

图 2 - 1 条码的符号结构

（3）交插 25 码：一种长度可变的连续型自校验数字式码制。

（4）39 码：长度可比的离散型自校验字母数字式码制。

（5）库德巴码：长度可变的连续型自校验数字式码制。

（6）128 码：一种长度可变的连续型自校验数字式码制。

（7）93 码：一种长度可变的连续型字母数字式码制。

（8）49 码：一种多行的连续型、长度可变的字母数字式码制。

（9）其他码制：25 码、11 码、矩阵 25 码、Plessey 码。

（二）按条码的长度分类

（1）定长条码：指仅能表示固定字符个数的条码。

（2）非定长条码：指能表示可变字符格式的条码。

（三）按排列方式分类

（1）连续型条码：指每个条码字符之间不存在间隔。

（2）非连续型条码：指每个条码字符之间存在间隔。

（四）按条码维数分类

（1）一维条码。

（2）二维条码。

三、条码的编码原则

（1）唯一性原则：是指同一商品项目的商品必须分配相同的商品标识代码（即一

个商品项目只有一个代码，商品项目代码一旦确定，永不改变）；不同商品项目的商品必须分配不同的商品标识代码。

（2）无含义性原则：是指商品标识代码中的每一位数字一般不表示任何与商品有关的特定信息。

（3）稳定性原则：是指商品标识代码一旦分配，若商品的基本特征没有发生变化，就应保持标识代码终身不变。当此种商品不再生产时，其对应的代码只能搁置起来，不得重复启用再分配给其他商品。

四、条码的编码方法

指条码中条、空的编码规则以及二进制的逻辑表示的设置。条码的编码方法就是要通过设计条码中条与空的排列组合来表示不同的二进制数据。

（1）宽度调节编码法：是指条码符号中的条和空由宽、窄两种单元组成的条码编码方法（如图 2 - 2 所示）。

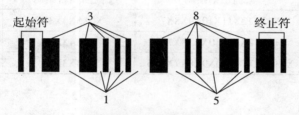

图 2 - 2　宽度调节编码法

（2）模块组配编码法：是指条码符号的字符由规定的若干个模块组成的条码编码方法（如图 2 - 3 所示）。

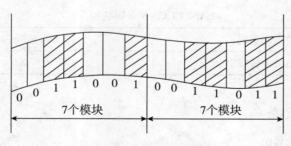

图 2 - 3　模块组配编码法

五、商品单元的基本术语

（1）消费单元：通过零售渠道直接销售给最终用户的商品包装单元，一般采用 EAN - 13 条码、UPC - 12 条码。

（2）定量消费单元：是指按商品件数计价销售的消费单元。

（3）变量消费单元：是指按基本计量单位计价，以随机数量销售的消费单元。

（4）储运单元：为便于搬运、仓储、订货和运输等，由消费单元组成的商品包装单元。

（5）定量储运单元：由定量消费单元组成的储运单元。

（6）变量储运单元：由变量消费单元组成的储运单元。

（7）货运单元：在供应链上用于运输目的的所有商品单元。

（8）消费、储运、货运三种单元的关系：在特定情况下三者相同。

六、几种常见的条码

（一）商品条码

1. ENA – 13 条码

标准版商品条码结构如表 2 – 1 所示。

表 2 – 1   标准版商品条码结构

结构种类	厂商识别条码	商品项目条码	检验码
结构一	X13X12X11X10X9X8X7	X6X5X4X3X2	X1
结构二	X13X12X11X10X9X8X7X6	X5X4X3X2	X1
结构三	X13X12X11X10X9X8X7X6X5	X4X3X2	X1

2. ENA – 8 条码

ENA – 8 条码的构成：EAN – 8 条码是 EAN – 13 条码的一种补充，用于标识小型商品。

EAN/UCC – 8 条码结构如表 2 – 2 所示。

表 2 – 2   EAN/UCC – 8 条码结构

商品项目识别条码	校验码
X8X7X6X5X4X3X2	X1

（二）储运单元条码

1. 定量储运单元条码

定量储运单元是不通过 POS 扫描结算的用于配送、仓储或批发等操作的商品单元，采用 13 位数字或 14 位数字。

2. 定量储运单元条码结构（如表 2 – 3 所示）

表 2 – 3   定量储运单元条码结构

定量储运单元包装指示符	定量消费单元条码（不含校验字符）	校验字符
V	X1X2X3X4X5X6X7X8X9X10X11X12	C

3. 变量储运单元条码

变量储运单元条码由 14 位数字的主条码和 6 位数字的附加条码组成。

4. 变量储运单元条码结构（如表 2 - 4 所示）

表 2 - 4　　　　　　　　　　变量储运单元条码结构

变量储运单元包装指示字符	主条码		附加条码	
变量储运单元包装 指示字符	厂商识别条码与商品 项目条码	校验字符	商品数量	校验字符
L1	X1X2X3X4X5X6X7X8X9X10X11X12	C1	Q1Q2Q3Q4Q5	C2

（三）贸易单元 128 条码

1. 物流单元

物流单元是在供应链中需要管理的对象，为了运输、仓储而建立的组合项目（如图 2 - 4 所示）。

图 2 - 4　　EAN - 128 条码

2. 符号特点

（1）EAN - 128 条码是由一组平行的条和空及相应的字符（主要由左侧空白区、起始符号、数据符、校验符、终止符和右侧空白区）组成。

（2）除终止符由 4 个条和 3 个空共 13 个模块组成外，其他字符均由 3 个条和 3 个空共 11 个模块组成。

（3）条或空都有 4 个宽度单位，可以从 1 个模块宽到 4 个模块宽；校验符不属于条码字符的一部分，也区别于数据代码中的任何校验码。

（4）符号可从左、右两个方向阅读。

（5）符号的长度取决于需要编码的字符的个数。

（6）对于一个特定长度的 EAN - 128 条码符号，符号的尺寸可随放大系数的变化而变化。一般情况下，条码符号的尺寸是指标准尺寸（放大系数为 1）。放大系数的取值范围为 0.25 ~ 1.2。

　　3. 符号结构（如图 2 - 5 所示）

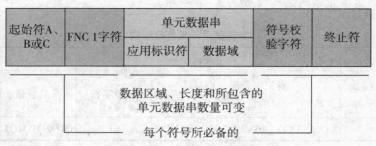

图 2 - 5　EAN - 128 条码符号结构

【实训准备】

　　了解条码相关知识。全班分成几组，每组 3 ~ 4 人。

【实训地点】

　　物流实训室。

【实训时间安排】

　　整个实训过程安排 4 个课时。

【实训工具】

　　计算机及条码编辑软件。

【实训步骤】

【步骤一】标签的设置。

　　（1）双击桌面的条码打印软件图标，打开条码打印软件，如图 2 - 6 所示。

图 2 - 6　条码打印软件图标

　　（2）进入条码打印软件主界面，如图 2 - 7 所示。

　　（3）点击"文件"菜单，在下拉菜单选择"新建"，如图 2 - 8 所示。

　　（4）进入"新建标签格式向导"，如果要新建一个标签格式，就选择"空白标签格式"，否则，选择"现有标签格式"，点击"下一步"，如图 2 - 9 所示。

　　（5）进入"选择打印机"界面，选择合适的打印机，点击"下一步"，如图 2 - 10 所示。

　　（6）如没有合适的标签格式，选择"指定自定义设置"，点击"下一步"，如图 2 - 11 所示。

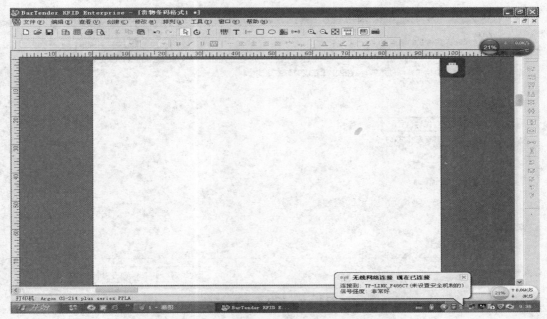

图 2 – 7　条码打印软件主界面

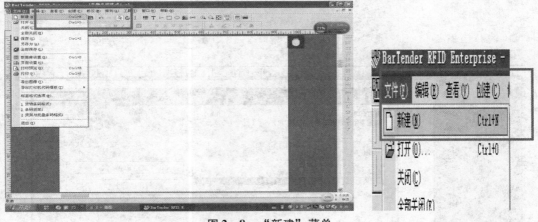

图 2 – 8　"新建"菜单

（7）根据实际情况，选择是单个还是多个标签，多个标签要设置列或行，一行有几张就设置几列，点击"下一步"，如图 2 – 12 所示。

（8）设置标签的四边，要注意标签的边缘宽度数值。如果要留有空白，选择"是，边缘有一些未使用的材料"，并且进行宽度大小的设置，点击"下一步"，如图 2 – 13 所示。

（9）定义标签的实际大小值。可以通过右侧预览查看形状。

单个标签的宽度、高度都是一个标签的，多个标签设置则是整个纸张的宽度和高

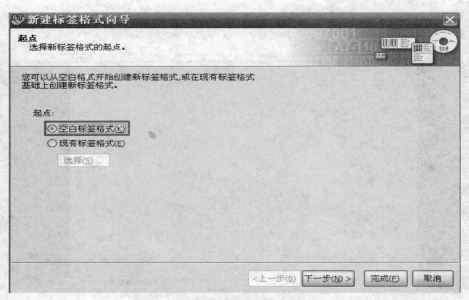

图 2 - 9　新建空白标签

度。多个标签要把手动设置勾上，设置一个标签的规格，还有中间间隙。单个标签没有这个步骤，点击"下一步"，如图 2 - 14 所示。

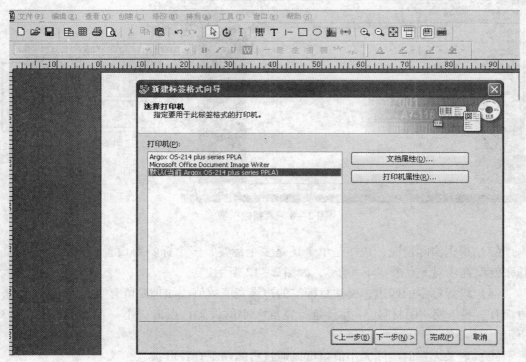

图 2 - 10　选择合适的打印机

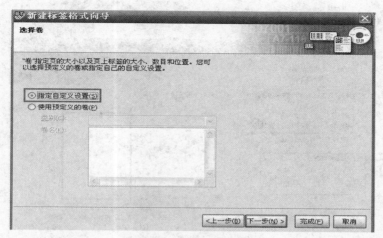

图 2-11 自定义标签格式

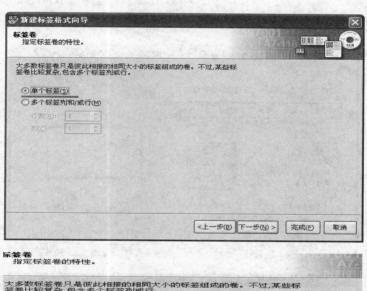

图 2-12 单个或多个标签的选择界面

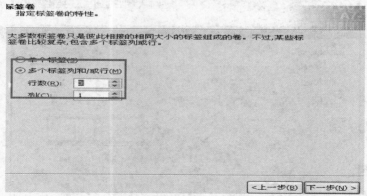

（10）当以上设置完成后，就设置好了一种标签新格式，按"完成"，将使用这个标签格式去编制条码标签。这时主界面显示一空白标签，且屏幕上的鼠标光标应该处

于指针模式（形状像一个箭头）。如图 2 – 15 所示。

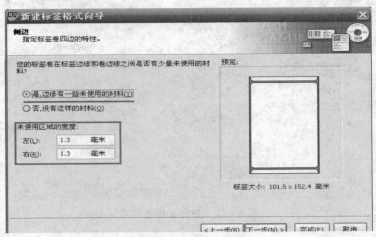

图 2 – 13　行宽度设置

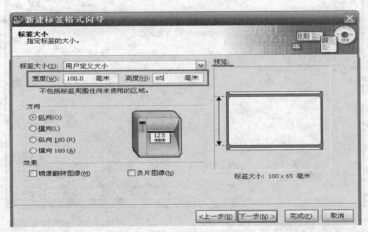

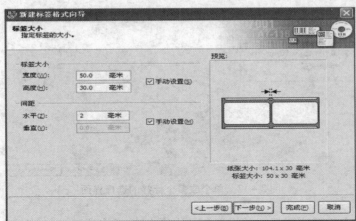

图 2 – 14　定义标签的实际大小

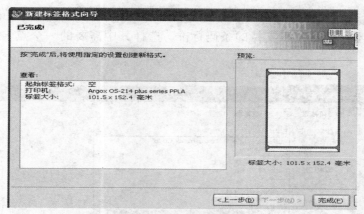

图 2－15　设置完成界面

【步骤二】编制一维条码。

（1）在上面这主界面中，点击"创建"菜单，在下拉菜单中点击选择"条码"，在空白地方也点一下，就会出现一个默认条码。如图 2－16 所示。

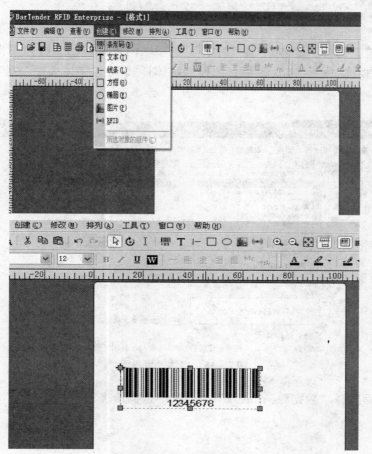

图 2－16　新建条码

（2）双击条码，进入"修改所选条码对象"界面。选择"条码"，在"符号体系"选项框内可以看到该打印机支持的条码标准。选择其中需要的一个点击，如图2－17所示。

图2－17　符号体系选择界面

（3）接着，选择"字体"，在"字体"选项框内可以看到该打印机支持的字体标准。选择其中需要一个点击，然后，选择"字体样式"、"字体大小"等。如图2－18所示。

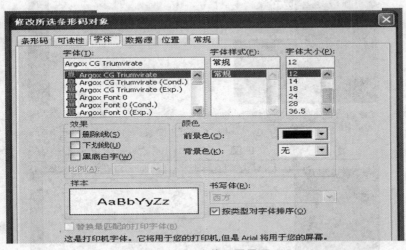

图2－18　字体设置界面

（4）然后选择"数据源"，从源下拉列表中选择所需的"屏幕数据"，如图2－19所示。

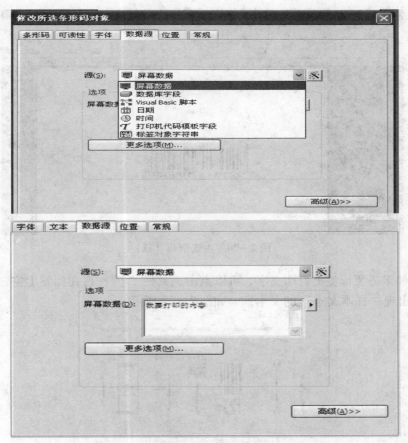

图 2－19　数据源选择界面

（5）在出现的数据源对话框里输入你要打印的条码数字，点击"确定"。这时在主界面显示一个一维条码标签，条码的编制基本完成。如图 2－20 所示。

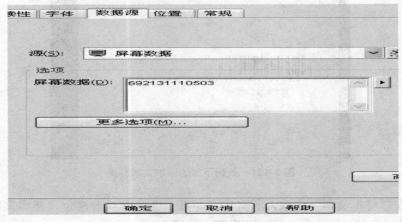

图 2－20　生成条码

图 2 - 20 生成条码（续）

（6）如果需要标签上打印文字，可以点击工具栏 "T"，再在标签上空白位置点一下，就会出现 "样本文本" 的文本框。如图 2 - 21 所示。

图 2 - 21 条码下方的添加文本界面

（7）在 "样本文本" 中输入所需文字即可。也可以双击这个 "样本文本"，在出现的数据源对话框里输入你要打印的内容。如图 2 - 22 所示。

图 2 – 22　条码下方的编辑文本界面

（8）可以在格式工具栏对内容的字体和字号等进行设置。如图 2 – 23 所示。

图 2 – 23　文本编辑工具

【步骤三】打印标签。

选择菜单"文件"中下拉菜单"打印"，在弹出的"打印"界面，根据需要进行设置后，点击"打印"则条码打印机会打印出所设计的条码。如图 2 – 24 所示。

图 2 – 24　打印条码界面

【注意事项】

注意条码的格式。

【实训评价】

条码编制能力实训评价如表 2 – 5 所示。

表 2 – 5 条码编制能力实训评价

考评人		被考评人	
考评地点			
考评内容		条码编制能力	
考评标准	具体内容	分值（分）	实际得分（分）
	了解常见条码的特性	20	
	制作并打印条码	80	
合　计		100	

任务二　二维条码的制作

【任务情景】

江西省诚信仓配中心仓库管理员小王接到 K1 客户的入库货物，该客户订购了货物 A2，货物已经入库验收，现在需编制、打印货物的商品二维条码。

【实训目标】

学生通过本任务的实训，了解条码的概念、分类、特点和结构，掌握条码的编制知识，会使用相关软件打印商品条码。

【实训相关知识】

二维条码是在一维条码无法满足现代信息产业技术发展需求的前提下产生的。它解决了一直困扰人们用条码对"物品"进行描述的问题，使得条码真正地成为信息存储和识别的有效工具。它除具备一维条码的优点外，同时还具有信息容量大、可靠性高、可表示图像、汉字等多种文字信息、保密防伪性强等优点。

由于二维条码具有诸多的优点，使它在生产制造、金融、商业、物流配送等行业得到广泛应用。同时在交通、运输、能源、国防、邮电、医疗卫生、后勤管理及图书档案管理等诸多领域，也有着广泛的应用。

1. 二维条码概念

是用某种特定的几何图像按一定规律（二维方向上）分布的黑白相间的图形，记录数据符号信息的一种条码技术。

2. 二维条码的特点

（1）信息容量大：比普通条码信息容量约高几十倍，可容纳多达 1850 个大写字母或 2710 个数字或 1108 个字节，或 500 多个汉字。

（2）错误纠正能力强：即使因穿孔、污损等引起局部损坏时，照样可以正确得到识读，损毁面积达 50% 仍可恢复信息。

（3）设备识读能力强：可以使用激光或 CCD 阅读器识读，也可影印及传真。

（4）安全可靠性高：引入加密措施，保密性、防伪性好。误码率不超过千万分之一译码，可靠性高。

3. 二维条码的分类

（1）行排式二维条码：又称堆积式二维条码或层排式二维条码，其编码原理是建立在一维条码基础之上，按需要堆积成两行或多行。有代表性的行排式二维条码有 Code 49 条码、Code 16K 条码和 PDF 417 条码等。其中的 CODE 49，是 1987 年由 David

Allair 博士研制，Intermec 公司推出的第一个二维条码。1988 年 Laserlight 系统公司的 Ted Williams 推出第二种二维条码 Code 16K 码。

（2）矩阵式二维条码：矩阵式二维条码（又称棋盘式二维条码），它是在一个矩形空间通过黑、白像素在矩阵中的不同分布进行编码的。在目前几十种二维条码中，常用的码制有：PDF 417、Data Matrix、Maxi Code、QR Code、Code 49、Code 16K、Code One 等，以下是几种较常见的二维条码（如图 2 - 25 所示）。

图 2 - 25　常见的二维条码

4. 二维条码码制

目前，已经是国际标准的码制有：PDF 417、QR、DM、GM 等；中国国家标准的码制有：汉信码；中国国家部颁标准码制：矽感 CM 码；国际标准转为中国国家标准的码制有：PDF 417、QR 码；除此之外，还有 Code 49、Code 16K、Code One 等码制。

（1）PDF 417 条码（如图 2 - 26 所示）是由留美华人王寅敬（音）博士发明的。PDF 取自英文 Portable Data File 三个单词的首字母，意为"便携数据文件"。因为组成条码的每一符号字符都是由 4 个条和 4 个空共 17 个模块构成，所以称为 PDF 417 条码。具有超高速识读，全方位识读的特性。

图 2 - 26　PDF 417 条码

（2）QR Code 是 1994 年由日本 Denso - Wave 公司发明。QR 是英文 Quick Response 的缩写，即快速反应的意思。源自发明者希望 QR 码可让其内容快速被解码。QR 码（如图 2 - 27 所示）常见于日本，并为目前日本最流行的二维空间条码。QR 码比普通条码可储存更多资料，亦无须像普通条码般在扫描时需直线对准扫描器。

图 2 – 27　QR Code

（3）DM 码（Data Matrix）是一种矩阵式二维条码（如图 2 – 28 所示）。它有两种类型，即 ECC000 – 140 和 ECC 200。ECC000 – 140 具有几种不同等级的卷积纠错功能；而 ECC 200 则使用 Reed – Solomon 纠错。在最新的应用中，ECC 200 使用得更多。

图 2 – 28　DM 码

（4）龙贝码（LPCode）是中国人的二维码（如图 2 – 29 所示），是具有国际领先水平的全新码制，拥有完全自主知识产权，属于二维矩阵码，由上海龙贝信息科技有限公司开发。

图 2 – 29　龙贝码

【实训准备】

　　了解条码相关知识，全班分成几组，每组 3 ~ 4 人。

【实训地点】

　　物流实训室。

【实训时间安排】

　　整个实训过程安排 4 个课时。

【实训工具】

　　计算机及条码编辑软件。

【实训步骤】

【步骤一】标签的设置。

（1）双击桌面的条码打印软件图标，打开条码打印软件，如图2-30所示。

图2-30　条码打印软件图标

（2）进入条码打印软件主界面，如图2-31所示。

图2-31　条码打印软件主界面

（3）点击"文件"菜单，在下拉菜单选择"新建"，如图2-32所示。

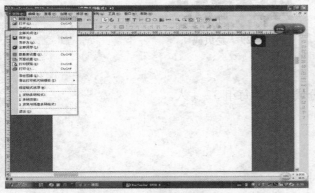

图2-32　"新建"菜单

（4）进入"新建标签格式向导"，如果要新建一个标签格式，就选择"空白标签格式"，否则，选择"现有标签格式"，点击"下一步"，如图 2－33 所示。

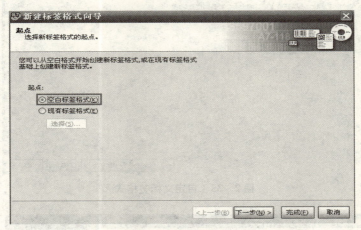

图 2－33　新建空白标签

（5）进入"选择打印机"界面，选择合适的打印机，点击"下一步"，如图 2－34所示。

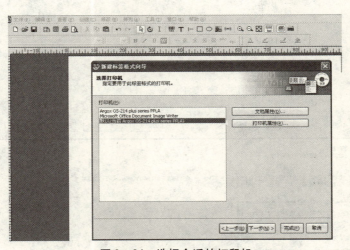

图 2－34　选择合适的打印机

（6）如没有合适的标签格式，选择"指定自定义设置"，点击"下一步"，如图 2－35 所示。

（7）根据实际情况，选择是单个还是多个标签，多个标签要设置列或行，一行有几张就设置几列，点击"下一步"，如图 2－36 所示。

（8）设置标签的四边，要注意标签的边缘宽度数值。如果要留有空白，选择"是，边缘有一些未使用的材料"，并且进行宽度大小的设置，点击"下一步"，如图 2－37所示。

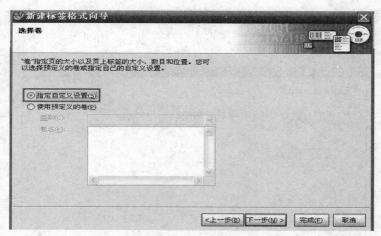

图 2 - 35　自定义标签格式

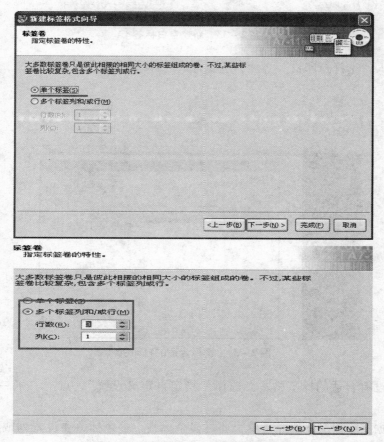

图 2 - 36　单个或多个标签的选择界面

（9）定义标签的实际大小值。可以通过右侧预览查看形状。单个标签的宽度、高度都是一个标签的，多个标签设置则是整个纸张的宽度和高度。多个标签要把手动设

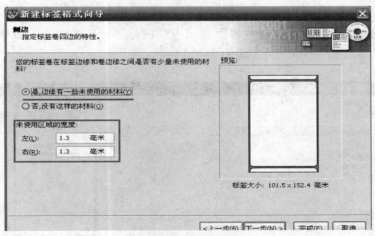

图 2 – 37　行宽度设置

置勾上，设置一个标签的规格，还有中间间隙。单个标签没有这个步骤，点击"下一步"，如图 2 – 38 所示。

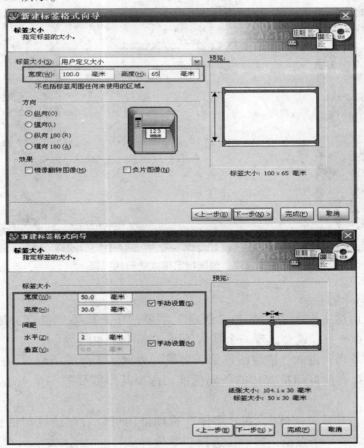

图 2 – 38　定义标签的实际大小

（10）当以上设置完成后，就设置好了一种标签新格式，按"完成"，将使用这个标签格式去编制条码标签。这时主界面显示一空白标签，且屏幕上的鼠标光标应该处于指针模式（形状像一个箭头）。如图2-39所示。

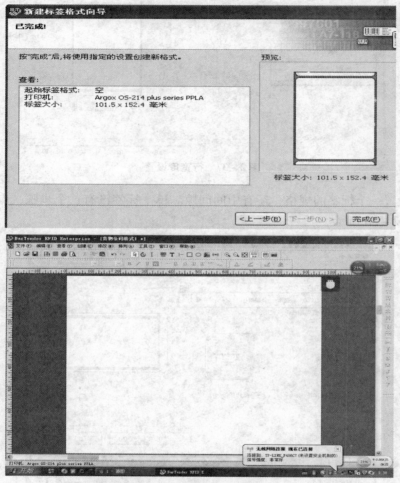

图2-39　创建指定格式条码的界面

【**步骤二**】编制条码。

（1）在上面这主界面中，点击"创建"菜单，在下拉菜单中点击选择"条码"，在空白地方也点一下，就会出现一个默认条码。如图2-40所示。

（2）双击条码，进入"修改所选条码对象"界面。选择"条码"，在"符号体系"选项框内可以看到该打印机支持的条码标准。选择其中需要的一个点击，如图2-41所示。

（3）接着，选择"字体"，在"字体"选项框内可以看到该打印机支持的字体标准。选择其中需要一个点击，然后，选择"字体样式"、"字体大小"等。如图2-42所示。

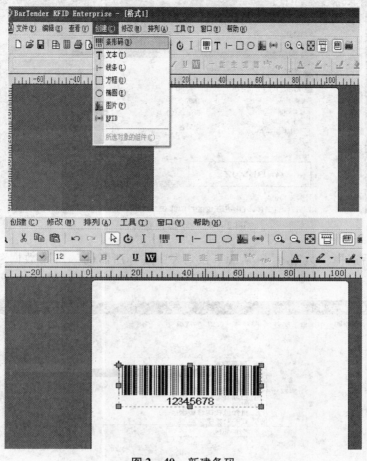

图 2－40　新建条码

图 2－41　符号体系选择界面

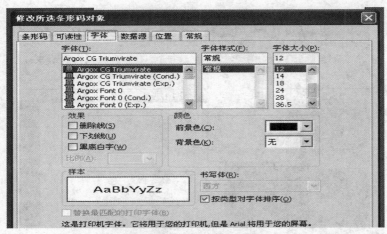

图2-42 字体设置界面

（4）然后选择"数据源"，从源下拉列表中选择所需的"屏幕数据"，如图2-43所示。

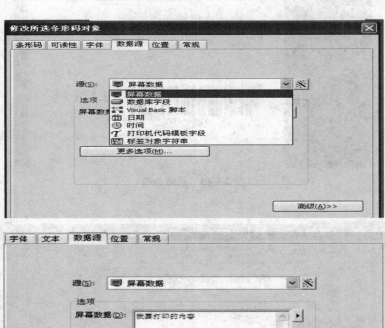

图2-43 数据源选择界面

（5）在出现的数据源对话框里输入你要打印的条码数字，点击"确定"。这时在主界面显示一个一维条码标签，条码的编制基本完成。如图2-44所示。

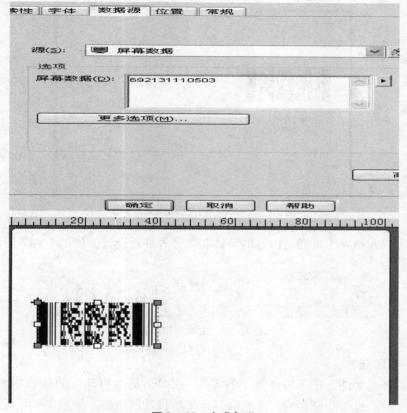

图2-44 生成条码

（6）如果需要标签上打印文字，可以点击工具栏"T"，再在标签上空白位置点一下，就会出现"样本文本"的文本框。如图2-45所示。

图2-45 条码下方的添加文本界面

（7）在"样本文本"中输入所需文字即可。也可以双击这个"样本文本"，在出现的数据源对话框里输入你要打印的内容。如图 2 - 46 所示。

图 2 - 46　条码下方的编辑文本界面

（8）可以在格式工具栏对内容的字体和字号等进行设置。如图 2 - 47 所示。

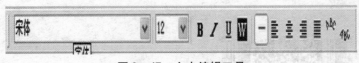

图 2 - 47　文本编辑工具

【步骤三】打印标签。

选择菜单"文件"中下拉菜单"打印"，在弹出的"打印"界面，根据需要进行设置后，点击"打印"则条码打印机会打印出所设计的条码。如图 2 - 48 所示。

图 2 - 48　打印条码界面

【注意事项】

注意条码的格式。

【实训评价】

条码编制能力实训评价如表 2 - 6 所示。

表 2 - 6　　　　　　　　　　　条码编制能力实训评价

考评人		被考评人		
考评地点				
考评内容	条码编制能力			
考评标准	具体内容		分值（分）	实际得分（分）
	正确开机并打开二维条码软件		20	
	准确输入相关信息		20	
	打印出二维条码		20	
	把信息正确转化成二维条码		40	
合　计			100	

项目三　RFID技术与手持终端的应用

项目三　RFID技术与手持终端的应用

任务一　利用 RFID 技术进行手工仓库入库作业

【任务情景】

江西省诚信仓配中心仓管员接到供应商"星星"食品有限公司货物入库任务。货物验收后，仓管员使用 RFID 手持终端办理"星星"食品有限公司货物入库作业。

【实训目标】

学生通过完成本任务的实训，能熟练使用 RFID 手持终端设备办理货物入库作业。

【实训相关知识】

一、RFID 的定义

RFID（射频识别）也称为无线射频识别技术，是一种非接触式的自动识别技术，它通过射频信号自动识别目标对象并获取相关数据，识别工作无须人工干预，可工作于各种恶劣环境。

RFID 技术可识别高速运动物体并可同时识别多个标签，操作快捷方便，具有防水、防磁、耐高温、使用寿命长、读取距离大、标签上数据可以加密、存储数据容量更大、存储信息更改自如等优点，其应用将给物流产业带来革命性变化。

二、RFID 的特点

RFID 通常具有以下几个特点：

1. 读取方便、快捷，有物体遮挡也可使用

RFID 能够穿透纸张、木材和塑料等非金属和非透明的材质，进行穿透性通信，不需要光源。读取距离更远，采用自带电池的主动标签时，有效识别距离可达到 30 米以上。但不透过金属等导电物体进行识别。

2. 一次可认识多个标签

标签一进入磁场，阅读器就可以即时读取其中的信息，而且能够同时处理多个标签，实现批量识别。

3. 可以改写信息

利用编程器可以向标签里写入数据，从而赋予 RFID 标签交互式便携数据文件的功能，而且写入时间比打印条码更短。

4. 信息量大

RFID 最大的容量有数 MegaBytes。随着记忆载体的发展，数据容量也有不断扩大的趋势。

5. 使用寿命长，运用范围广

RFID 使用无线电通信方式，使其可以应用于粉尘、油污等高污染环境和放射性环境，其封闭式包装使得其寿命大大超过印刷的条码，且 RFID 对水、油和化学药品等物质具有很强抵抗性。此外，RFID 卷标是将数据存在芯片中，因此可以免受污损，抗污染能力和耐久性强。

6. 安全性高

RFID 标签不仅可以嵌入或附着在不同形状、类型的产品上，而且可以为标签数据的读写设置密码保护。由于 RFID 承载的是电子信息，其数据内容可经由密码保护，使其内容不易被伪造及变编造，安全性更高。

7. 制作成本高

RFID 标签的价格是抵制 RFID 发展的瓶颈。条码的成本就是条码纸张和油墨成本，而有内存芯片的主动射频标签价格在 2 美元以上，被动射频标签的成本也在 1 美元以上。

三、RFID 的类别

（一）按应用频率的不同分类

RFID 按应用频率的不同分为低频（LF）、高频（HF）、超高频（UHF）、微波（MW）。低频主要用于门禁控制、校园卡、公交车卡、煤气表、水表等短距离、低成本等方面；高频主要用于需传送大量数据的应用系统；超高频主要用于需较长的读写距离和高速读写的场合，多在火车监控、高速公路收费等系统中应用。相对应的代表性频率分别为：低频为 135kHz 以下、高频为 13.56MHz、超高频为 860～960MHz、微波为 2.4G 和 5.8G。

（二）按能源的供给方式分类

RFID 按照能源的供给方式分为无源 RFID、有源 RFID，以及半有源 RFID。无源 RFID 读写距离近，价格低；有源 RFID 可以提供更远的读写距离，但是需要电池供电，成本要更高一些，适用于远距离读写的应用场合。

1. 无源 RFID

无源 RFID 是近距离接触式识别类。它发展得最早、最成熟，也是市场应用最广的技术。例如，在我们的日常生活中随处可见的公交卡、食堂餐卡、银行卡、宾馆门禁卡、第二代身份证等均属无源 RFID 产品。

2. 有源 RFID

有源 RFID 属于远距离自动识别类。它是最近几年慢慢发展起来的识别技术，有着巨大的应用空间和市场潜质。在建设智能监狱、智能医院、智能停车场、智能交通、智慧城市、智慧地球及物联网等领域，有源 RFID 有重大应用。

3. 半有源 RFID

半有源 RFID 技术，也称为低频激活触发技术。它是利用低频近距离精确定位，微波远距离识别和上传数据，解决有源 RFID 和无源 RFID 无法实现的功能。

四、RFID 的构成

一个最基本的 RFID 系统，如图 3 – 1 所示，一般包括以下几部分：

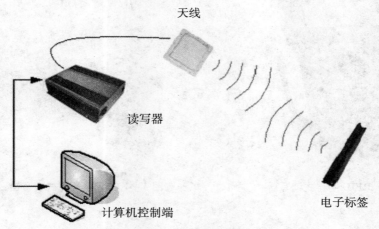

图 3 – 1　RFID 系统

1. 标签

由耦合元件、芯片及微型天线组成，每个标签（如图 3 – 2 所示）具有唯一的电子编码，附着在物体上标识目标对象。标签进入读写器扫描场以后，接收到读写器发出的射频信号，凭借感应电流获得的能量发送出存储在芯片中的电子编码（被动式标签），或者主动发送某一频率的信号（主动式标签）。

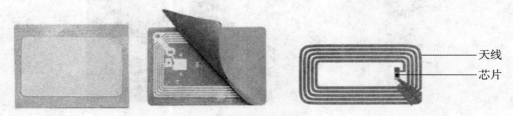

图 3 – 2　RFID 标签

2. RFID 读写器

是整个 RFID 系统中最重要也最复杂的一个组件，读取和写入标签信息的设备，可设计为手持式（如图 3 – 3 所示）或固定式（如图 3 – 4 所示）。

3. 天线

天线（如图 3 – 5 所示）同读写器相连，用于在标签和读写器之间传递射频信号。读写器可以连接一个或多个天线，但每次使用时只能激活一个天线。天线的形状和大小会随着工作频率和功能的不同而不同。

图 3 - 3　RFID 手持式读写器

图 3 - 4　RFID 固定式读写器

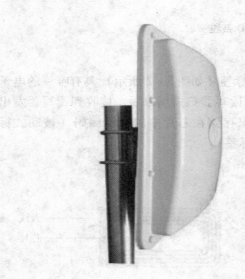

图 3 - 5　RFID 天线

五、RFID 技术在仓储管理中的运用

仓储管理在物流管理中占据着核心的地位。仓储管理及精确定位在企业的整个管理流程中起着非常重要的作用，如果不能保证及时准确的进货、库存控制和发货，将会给企业带来巨大损失，不仅会增加企业各项管理费用，而且会导致客户服务质量难以得到保证，最终影响企业的市场竞争力，而射频识别技术能解决精确仓储管理问题。仓库过程一般包括收货、上架、拣货、补货、发货、盘点几个流程，射频识别技术在

这些流程中均可使用，提高工作的准确性和效率，如图 3 - 6 所示。

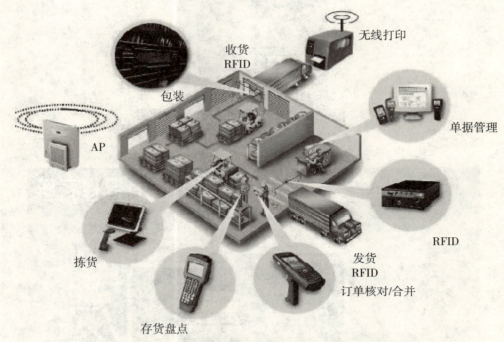

无线打印

收货
RFID

包装

单据管理

AP

拣货

RFID

发货
RFID

订单核对/合并

存货盘点

图 3 - 6　RFID 技术在仓储管理中的应用

【实训准备】

（1）熟读业务流程。

（2）熟知 RFID 系统的使用方法。

【实训地点】

校物流实训中心。

【实训时间安排】

整个实训过程安排 6 个课时。

【实训工具】

入库通知单、RFID 系统、商品若干、托盘若干。

【实训步骤】

【步骤一】用户注册。

任课教师用系统现有教师用户登录，确认课程内容为"接硬件实训课"（接硬件控制必须选择此项）。根据系统现有数据来分配操作，整堂课程一共分两个角色由"lg01"扮演"基础信息员"、"lg02"扮演"仓储管理员"。

（1）打开综合物流系统（如图 3 - 7 所示）屏幕显示"登录信息界面"（如图 3 - 8 所示）。

图 3 - 7　综合物流系统

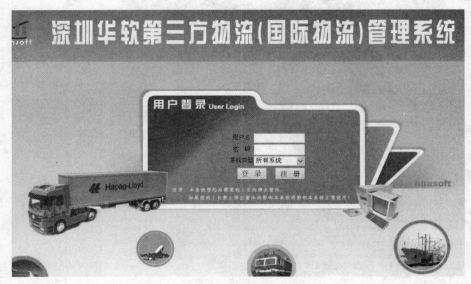

图 3 - 8　综合物流系统登录界面

（2）点击"注册"按钮，注册"学生"账号。学生账号注册成功以后不能马上开始启用，必须通过教师开通才能正常使用。分别具备上课操作、密码修改、自由练习等相关操作权限。

【步骤二】仓储基本信息录入。

1. 学生以"lg02"登录，如图 3 - 9 所示

登录后的界面，如图 3 - 10 所示，选择上课操作，呈现如图 3 - 11 所示界面。

点击仓储实训后，界面如图 3 - 12 所示。

2. 仓储基本设置

打开仓储公司"仓储基本设置"模块，如图 3 - 12 所示，进入立体货架、手工货架、分拣货架、出货台各项管理界面，点击"手工货位设置"，如图 3 - 13 所示。点击"新增"按钮，增加库位信息（如图 3 - 14 所示）以及这些货架里的货位分别存放哪种类别的货物（如图 3 - 15 所示）。

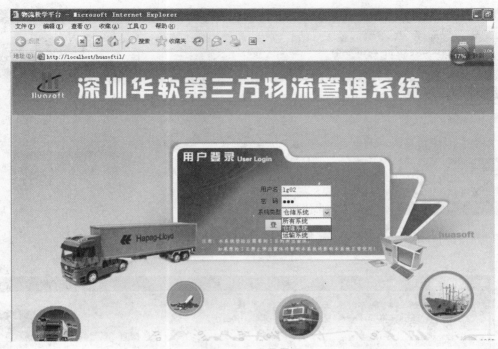

图 3 – 9　登录界面

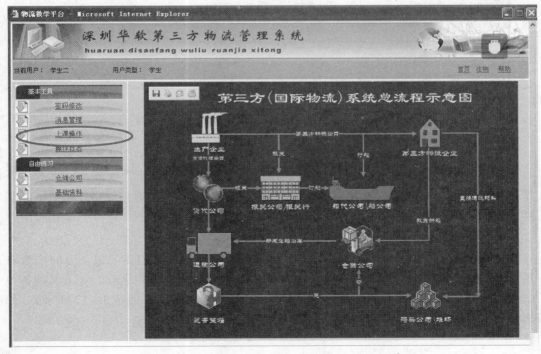

图 3 – 10　主工作界面

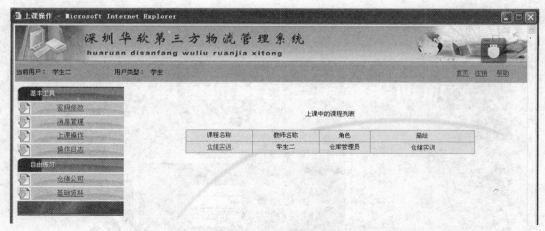

图 3 - 11　上课操作界面

图 3 - 12　仓储实训界面

3. 费用结算管理（收费项目管理）

打开仓储公司"费用结算管理"模块，点击"收费项目管理"项进入，点击"新增"按钮增加收费项目（如图 3 - 16 所示），如例题中要求合同客户支付仓租费、装卸费，我们就要在此增加。

4. 仓储基本设置（合同客户）

打开"仓储基本设置"模块，点击"客户合同管理"项，点击表最下方的"查看历史合同信息"，可以查看到之前签订的合同客户信息。选定客户名称，录入其他各项详细信息后点击保存，接下来就是增加此客户的收费项目明细（如图 3 - 17 所示），如客户名称：大润发超市，收费项目：仓租费、装卸费。

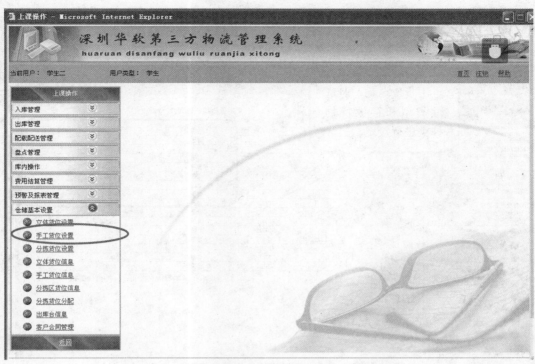

图 3-13 手工货位设置

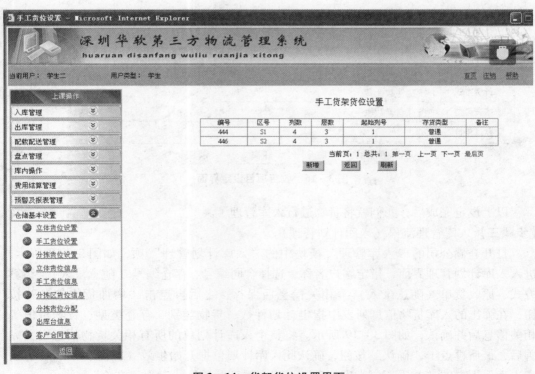

图 3-14 货架货位设置界面

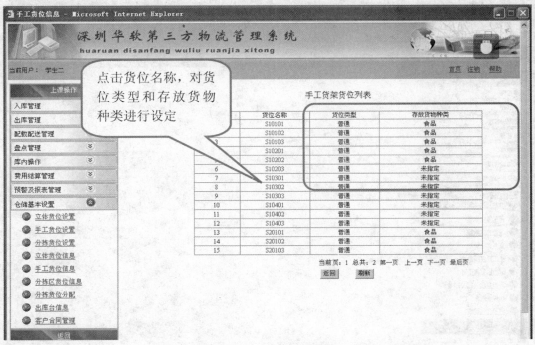

图 3 – 15　货架货位类型管理界面

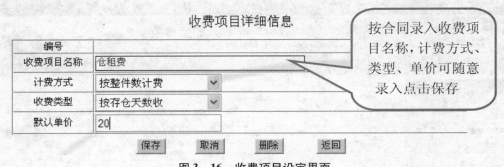

图 3 – 16　收费项目设定界面

以上设定完成后，我们就将货物进行入库管理了。

【步骤三】入库管理流程（入库计划管理）。

打开仓储公司的"入库管理"模块中的"入库计划管理"项，如图 3 – 18 所示，进入入库计划管理界面，指定客户名称、选择合同编号、存仓编号（随意录入）、结算方式、原收货单（随意录入）等相关信息后保存，之后再点击"增加货物信息"按钮，在弹出的入库货物信息列表中指定计划件数、货物类别、存仓类型、货物价值等相关信息后并确认，如图 3 – 19 所示。将整个入库计划单的所有相关货物信息定义完善后，最后再点击"确认"按钮，确认此入库计划单据开始生效（如图 3 – 20 所示），点击表最下方的"查看历史入库信息"可以查看到此单据状态为"在途"。

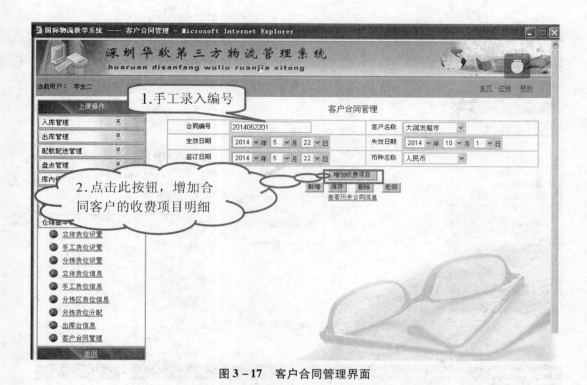

图 3-17　客户合同管理界面

图 3-18　入库计划管理界面

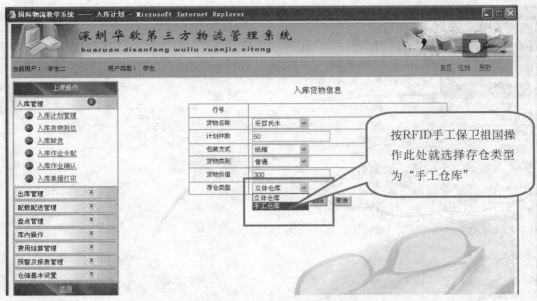

图 3－19　入库货物详细信息设定界面

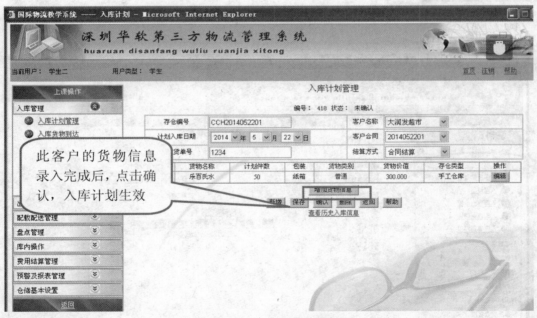

图 3－20　入库计划管理主界面

【步骤四】入库管理流程（入库货物到达）。

　　打开仓储公司"入库管理"模块中的"入库货物到达"项，如图 3－21 所示，点击"查看历史入库信息"进入"入库计划列表"界面，如图 3－22 所示，点击"入库货物到达"后的界面进入"在途入库计划列表",如图 3 – 23 所示,"查询"进入"在途入库计划列表"界面,如图 3 – 24 所示,选定要做货物到达确认的单据编号,点击计划编号进入"入库计划信息",如图 3 – 25 所示,在弹出的界面点击"到达"按钮即可。

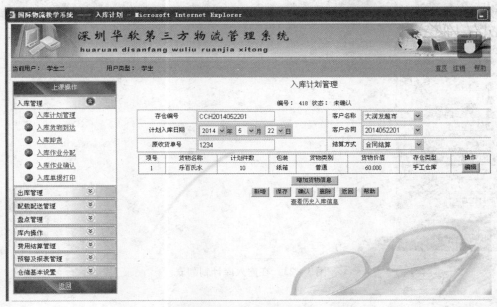

图 3 – 21　入库货物到达

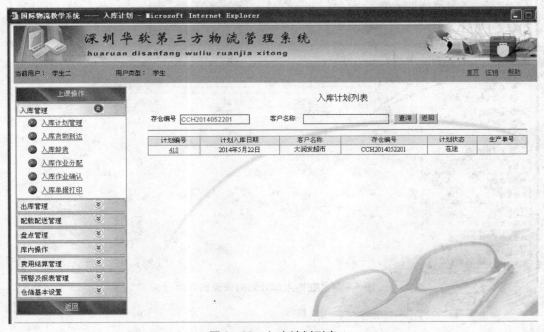

图 3 – 22　入库计划列表

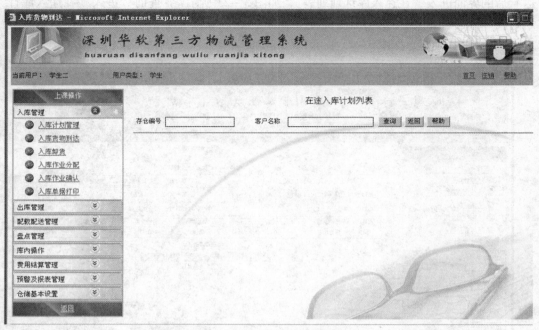

图 3 - 23　在途入库计划列表

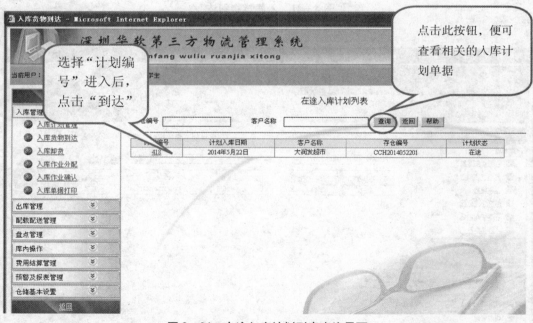

图 3 - 24　在途入库计划列表查询界面

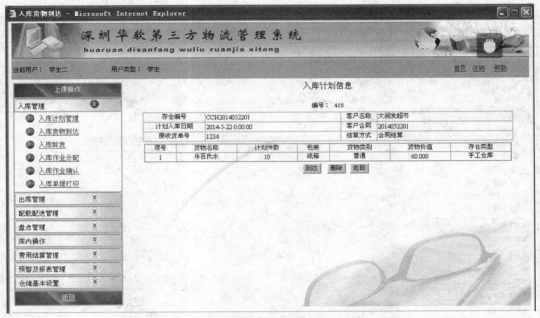

图 3 - 25 入库计划信息

【步骤五】入库管理流程（入库卸货）。

打开仓储公司"入库管理"模块中的"入库卸货"项，进入待卸货入库计划列表，如图 3 - 26 所示，点击"查询"进入待卸货入库计划列表界面（如图 3 - 27 所示），选定要做卸货确认的单据编号，点击计划编号，在弹出的入库计划信息界面（如图 3 - 28 所示），首先设置好车牌号（如图 3 - 29 所示），之后再点击货物名称后面的"编辑"按钮指定货物的唛头、计量单位、卸货件数、生产日期等相关数据后（如图 3 - 30 所示），再"确认"此单据已经入库卸货（如图 3 -31 所示）。

【步骤六】入库管理流程（RFID 手工仓库入库作业分配）。

（1）要确保做入库计划时选择的存仓类型为"手工仓库"，如图 3 - 32 所示。

（2）当入库作业分配确认后打开桌面上的"RFID 写卡"系统会检索到入库的货物信息（如图 3 - 33 所示），此操作表示现有一件货物是入到手工仓库的，需要在入库之前给绑定一张 RFID 卡（相当于是 RFID 卡取代了货物条码，便于批量货物的入库管理，是通过无线射频技术来实现不需要一个一个来扫描，直接通过门禁感应就代表货物已入库了），当该货物经过仓库的 RFID 门禁时，系统就会自动读到这张卡并将信息反馈到系统中，代表该货物已入库成功。

（3）取一张 RFID 卡片，放置读卡器前，然后点击"写卡"按钮，系统提示写卡成功，代表此操作顺利完成。如图 3 - 34 所示。

（4）退出写卡程序，再打开桌面上的"RFID 读卡"，然后由理货人员载着放有写好的 RFID 卡货物经由门禁入库，RFID 门禁系统会读卡到此货物入库信息，并反馈到仓库管理系统确认代表此手工仓库货物入库成功。如图 3 - 35 所示。

图 3 – 26 待卸货入库计划列表

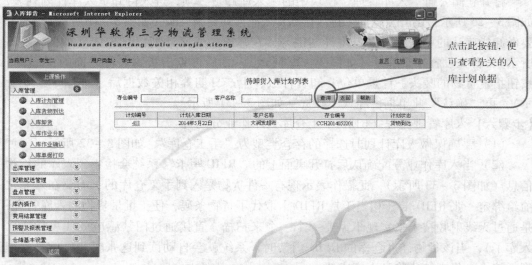

图 3 – 27 待卸货入库计划列表界面

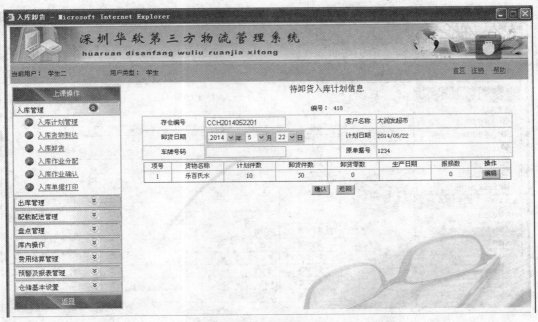

图 3 – 28　入库计划信息界面

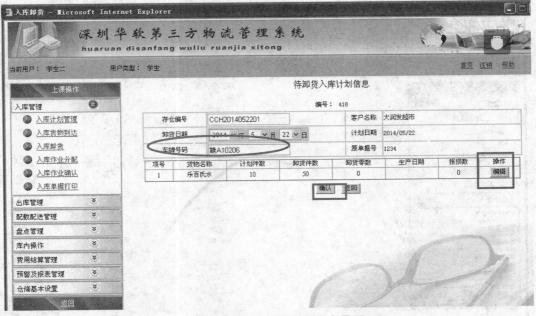

图 3 – 29　待卸货入库计划信息界面

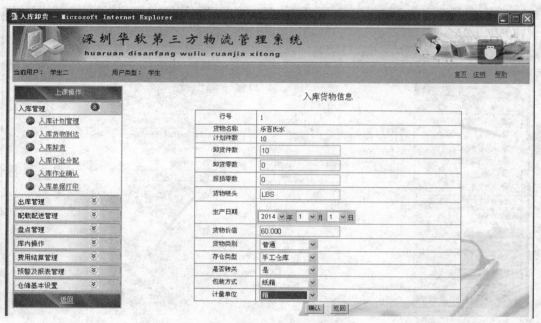

图 3 – 30　入库货物信息

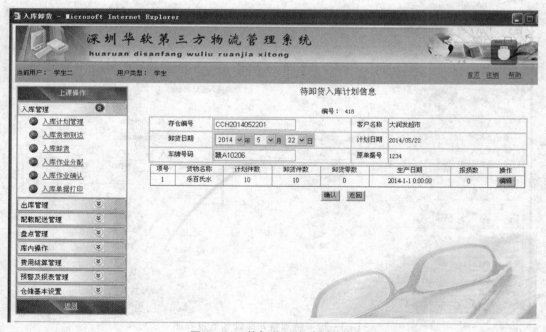

图 3 – 31　待卸货入库计划信息

入库货物信息

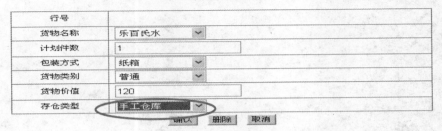

图 3 - 32   入库货物信息

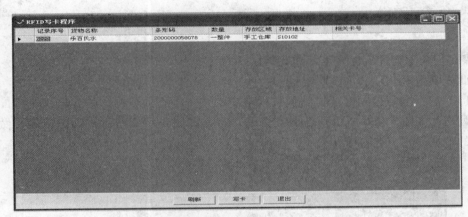

图 3 - 33   RFID 写卡程序界面

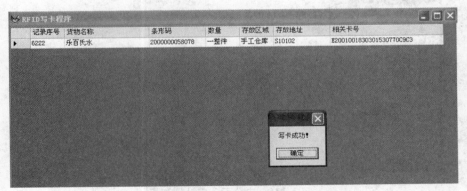

图 3 - 34   写卡成功提示界面

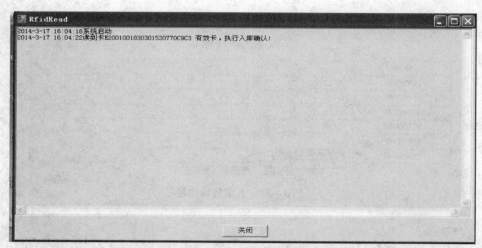

图 3 – 35　RFID 门禁系统会读卡反馈提示

【步骤七】入库管理流程（入库作业确认）。

此步骤由 RFID 自动完成。

（1）打开仓储公司"入库管理"模块中的"入库作业分配"项，进入未分配入库计划列表，如图 3 – 36 所示，点击"查询"进入如图 3 – 37 所示界面，选定要做分配确认的单据编号，点击计划编号，在弹出的待分配入库计划信息界面（如图 3 – 38 所示），点击"确认"此单据已经入库（如图 3 – 39 所示）。

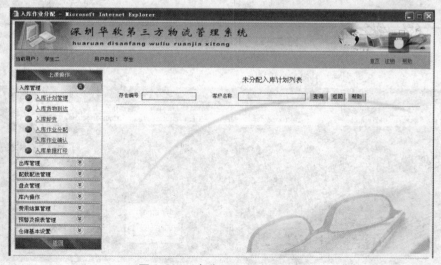

图 3 – 36　未分配入库计划列表

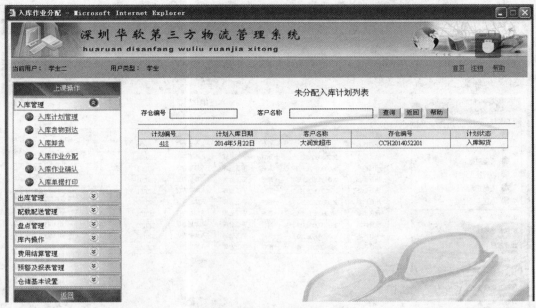

图 3 - 37 查询界面

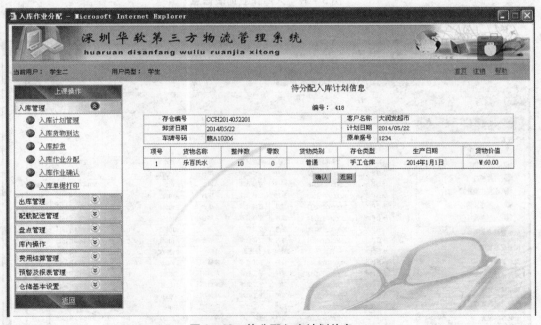

图 3 - 38 待分配入库计划信息

（2）打开仓储公司"入库管理"模块中的"入库作业确认"项，进入入库作业列表，如图 3 - 40 所示，点击要入库作业确认货物的"选择"按钮，在弹出的界面点击"确认"即可。所有货物要逐一进行确认。

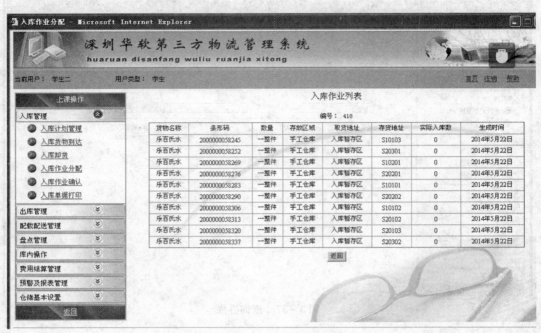

图 3 – 39　入库作业列表信息

图 3 – 40　入库作业列表管理界面

【步骤八】实训教师对实训效果进行总结和评价。

【注意事项】

（1）在模拟训练过程中，应严肃认真，严格按教师要求操作设备。

（2）文明操作，注意安全。

【实训评价】

RFID 入库操作能力训练评价评分表如表 3 – 1 所示。

表 3 – 1　　　　　　　　　　RFID 入库操作能力训练评价评分表

考评人		被考评人	
考评地点			
考评内容	RFID 入库操作能力		
考评标准	具体内容	分值（分）	实际得分（分）
	训练工作态度	10	
	仓储基本信息录入	10	
	入库计划管理	20	
	入库货物到达	20	
	入库卸货	20	
	入库作业分配	10	
	入库作业确认	10	
合　计		100	

任务二　利用手持终端进行入库操作

【任务情景】

江西省诚信仓配中心仓管员接到供应商"星星"食品有限公司货物入库任务。货物验收后，仓管员使用手持终端办理"星星"食品有限公司货物入库作业。

【实训目标】

学生通过完成本任务的实训，能熟练使用手持终端设备办理货物入库理货、入库搬运及入库上架作业。

【实训相关知识】

一、手持终端的定义

手持终端（如图3－41所示）是指配置操作系统，具有数据传输处理能力，显示和输入功能，可以移动使用、便于携带的可二次开发的数据处理终端。

图3－41　手持终端

二、手持终端的特性

手持终端通常具有以下几个特性：

（1）具有数据存储及计算能力。

（2）可进行二次开发，定制本行业需要的应用功能。

（3）能与其他设备进行数据通信。

（4）有人机界面，具有显示和输入功能。

（5）通过电池提供电源。

三、手持终端的类别

手持终端通常按使用领域不同划分为工业级手持终端和消费类手持终端。工业级手持终端在性能、稳定性、电池的耐用性等方面好于消费类手持终端。

1. 工业级手持终端

工业手持终端包括工业 PDA、条码手持终端和 RFID 手持终端等。工业手持终端的特点就是坚固、耐用，可以在环境比较恶劣的地方使用。工业级手持终端可以同时支持 RFID 读写和条码扫描功能，同时具备 IP64 工业等级。

（1）工业 PDA

工业 PDA 应用非常广泛，可用于国土、电力、林业、环境、导航、市政、海洋、物流等行业，可以定制各种特定要求的行业应用功能。工业 PDA 采用一体化集成设计，集 GPS、Windows 系统、数码相机、麦克风、3G 通信、蓝牙通信、海量存储、USB/RS232 端口、SD 卡扩展等多种功能于一身。采用特别加固的结构设计，可承受 1.5 米处跌落至水泥地面而不损坏，其防尘防水标准可满足野外作业的复杂环境要求，配置的超大容量锂电池可实现全天工作。

工业 PDA 在快递领域可用于收派员运单数据采集，中转场/仓库数据采集，通过扫描快件条码的方式，将运单信息通过 3G 模块直接传输到后台服务器，同时可实现相关业务信息的查询等功能（如图 3 - 42 所示）。在物流配送领域可用于烟草配送、仓库货物出入库、盘点、邮政配送，各大日用品生产制造商的终端配送、药品配送、大工厂的厂内物流、物流公司仓库到仓库的运输等方面（如图 3 - 43 所示）。

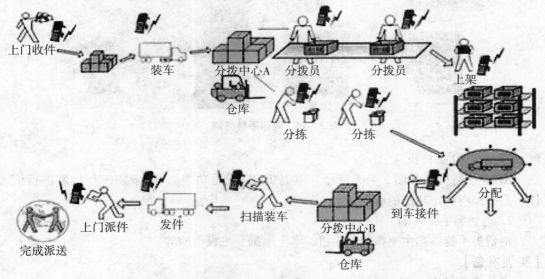

图 3 - 42 工业 PDA 在快递领域中的应用

图 3 – 43　工业 PDA 在仓储管理领域中的应用

（2）条码手持终端

条码手持终端（如图 3 – 44 所示）是专门采集条码的手持终端，也称为条码数据采集器。条码手持终端与普通的条码扫描枪不同，普通的条码扫描枪只是一个输入设备，不具备计算存储以及 WiFi GPRS 的通信方式。根据条码手持终端扫描的条码类型不同，可以分为一维条码手持终端和二维条码手持终端；根据扫描介质不同，可分为单介质手持终端和多介质手持终端。

图 3 – 44　条码手持终端

（3）RFID 手持机

RFID 手持机（如图 3 – 45 所示）具备 RFID 读写功能，可以对 RFID 标签进行识读，是一组有特定功能的硬件。

2. 消费类手持终端

消费类手持终端主要指智能手机、掌上电脑、平板电脑等。

【实训准备】

（1）熟读业务流程。

图 3 - 45　RFID 手持机

（2）熟知手持终端的使用方法。

【实训地点】

校物流实训中心。

【实训时间安排】

整个实训过程安排 6 个课时。

【实训工具】

入库通知单、手持终端、商品若干、托盘若干。

【实训步骤】

【步骤一】用户登录。

用户通过手持浏览器浏览用户登录页面（如图 3 - 46 所示），输入用户名与密码，点击登录，即可跳转至手持主页面（如图 3 - 47 所示）。

【步骤二】进行入库流程。

用户在管理界面录入入库单据并确认之后，在手持操作页面进行入库流程操作。

用户登录成功后进入主界面（如图 3 - 47 所示），单击主界面的"入库作业"图片按钮，进入入库作业选择界面（如图 3 - 48 所示）。

【步骤三】入库理货。

用户在入库作业选择界面（如图 3 - 48 所示），单击"入库理货"图片按钮，进入入库理货列表界面（如图 3 - 49 所示）。单击列表右侧"操作"列中的"理货"，进入入库理货货物查找界面（如图 3 - 50 所示），在条码文本框中输入商品条码，单击查询，如若该入库单中有待理货的该商品，则会查询出来并且显示，输入托盘编码与需要组托的数量，单击"保存"按钮，则会对指定数量的该商品进行入库理货。

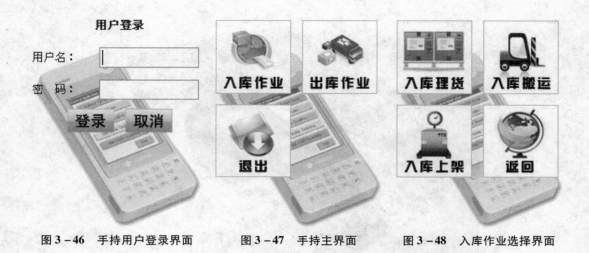

图 3-46　手持用户登录界面　　　图 3-47　手持主界面　　　图 3-48　入库作业选择界面

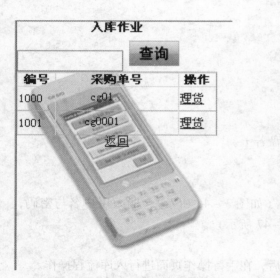

图 3-49　入库理货列表界面

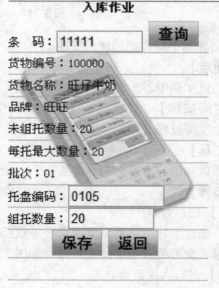

图 3-50　入库理货货物查找界面

【步骤四】 入库搬运。

　　用户在入库作业选择界面（如图 3-48 所示），单击"入库搬运"图片按钮，进入入库搬运界面（如图 3-51 所示）。在托盘编码文本框中输入托盘编码，单击查询，如若该托盘有待搬运的商品，则会查询出来并且显示，单击"搬运确认"按钮，则会对指定该托盘上的商品进行入库搬运。单击"查看作业"按钮，能查看所有待入库搬运的信息（如图 3-52 所示）。

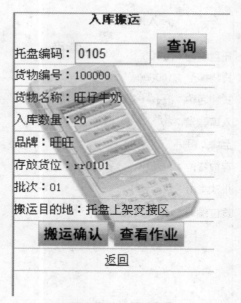

图 3－51　入库搬运

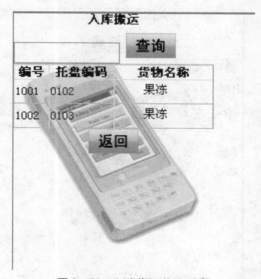

图 3－52　入库搬运作业列表

【步骤五】入库上架。

　　用户在入库作业选择界面（如图 3－48 所示），单击"入库上架"图片按钮，进入入库上架界面（如图 3－53 所示）。在托盘编码文本框中输入托盘编码，单击查询，如若该托盘有待上架的商品，则会查询出来并且显示，输入该货位编码，单击"搬运确认"按钮，则会对指定该托盘上的商品进行入库上架操作。单击"查看作业"按钮，能查看所有待入库上架的信息（如图 3－54 所示）。

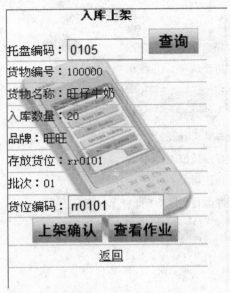

图 3-53　入库上架

图 3-54　入库上架作业列表

【步骤六】小组成员互评。

【步骤七】实训教师对实训效果进行总结和评价。

【注意事项】

（1）在模拟训练过程中，应严肃认真，严格按教师要求操作设备。

（2）文明操作，注意安全。

【实训评价】

手持终端入库操作能力训练评价评分表如表 3 - 2 所示。

表 3 - 2 　　　　　　　　　　手持终端入库操作能力训练评价评分表

考评人		被考评人	
考评地点			
考评内容	手持终端入库操作能力		
考评标准	具体内容	分值（分）	实际得分（分）
	训练工作态度	15	
	用户登录	5	
	入库理货	20	
	入库搬运	20	
	入库上架	25	
	爱惜设备	15	
合　计		100	

任务三　利用手持终端进行出库操作

【任务情景】

江西省诚信仓配中心仓管员小宋接到客户"星星"连锁超市货物出库任务，仓管员小宋使用手持终端办理货物出库作业。

【实训目标】

学生通过完成本任务的实训，能熟练使用手持终端设备办理货物出库理货、出库下架、出库搬运、补货上架、返库搬运、返库上架等作业。

【实训相关知识】

手持终端又称数据采集器、盘点机、移动 POS 机、掌上电脑等，它是将条码扫描装置与数据终端一体化，带有电池可离线操作的终端电脑设备。具有重量轻、灵活性、性能高，并适于手持等优点。具备实时采集、自动存储、即时显示、即时反馈、自动处理、自动传输等功能，为现场数据的真实性、有效性、实时性、可用性提供了保证。

一、手持终端的功能

除基本功能外手持终端还具有下列一些功能。

1. 条码扫描功能

条码扫描功能目前有激光和 CCD 两种技术，激光扫描只能识读一维条码，CCD 技术可以识别一维和二维条码，具有条码扫描功能的手持终端常常被称为条码数据采集器。

2. IC 卡读写功能

集成 IC 卡读写功能的手持终端通常称为 IC 卡手持数据终端，主要用于 IC 卡管理。集成非接触式 IC 卡读写功能的手持终端通常称为非接触式 IC 卡手持数据终端，主要用于非接触式 IC 卡管理。

3. 内置信息钮

所谓信息钮就是内置的非接触式 IC 卡芯片，内置信息钮的手持终端主要用于巡更。

4. 指纹采集、比对功能

这种手持终端主要用于公安、社会保险等。

5. GPS

主要用于公安行业，民用主要是为驾车人提供电子地图及定位服务。

6. GSM/GPRS/CDMA 无线数据、短信、无线语音通信

可以通过无线数据通信的方式与数据库进行实时数据交换，支持短信通信，可进行语音通话。

7. 蓝牙通信

蓝牙通信功能是新一代短距离无线通信技术，目前主要是 PDA 和手机中采用的比较多。其他的数据终端中也逐渐开始使用该技术，短距离蓝牙通信可达 10 米，长距离蓝牙通信可达 100 米。

8. RS232 串行通信

作为最基本的数据通信方式，基本上所有的手持数据终端都带该功能。

9. USB 通信

USB 通信技术因其通信速率快，所以目前很多手持终端都开始采用，特别是 PDA，其用途主要是与 PC 机进行大量的数据交换。

10. 802. 11 B

802. 11 B 作为无线局域网的主流技术，很多手持终端已经配备了该功能。具有该功能的手持终端可以在一个比较大的范围内组网并与 PC、服务器等进行数据交换，可在大的封闭空间（如厂房、仓库等）进行无线数据交换。

11. 打印

有些手持终端集成了打印功能，可以直接打印单据。

12. 手写识别

13. 汉字输入

14. 其他功能

有些手持终端带有一些拍照、可插 CF 卡、可插 SD 卡等功能。

物流系统根据不同的系统，使用的手持终端扩展功能各不相同，主要用到的功能为条码扫描、接触式/非接触式 IC 卡读写和 802. 11b、蓝牙数据通信等。

二、手持终端在物流领域的应用

物流配送对时效性要求极高，使用手持采集终端，可以从硬件上提高工作的效率、减少人力操作的失误率，而信息处理平台从软件上为物流快递提供大量的管理数据信息，便于货物查询、跟踪，用以作为管理决策的依据，从而极大地提高配送的及时性、准确性和信息获取的实时性。

1. 发货和收货

在传统的收发货流程中，文字记录信息的方式延缓了整个流程，手持终端具有内置 RFID 和激光扫描功能，与公司的发货收货管理软件协同工作，货物在移动过程中无须花费时间来填写各类回执和工作单等，提高作业的自动化水平和作业效率。

2. 物资上架

手持终端通过下载仓库中已入库但未上架的物资信息后，通过读取物资或物资包装箱上的标签，识别并确定物资后，再读取所需上架的货架标签信息，并将物资与货

架的关联信息实时上传至后台系统中，从而实现管理者对物资摆放位置的调度。

3. 盘点

通过手持终端下载由仓储管理系统生成的盘点数据后，仓库管理员便可在手持终端的操作提示下，按照指定的顺序对库存的物资进行逐一的信息采集、清点和确定，并实时记录物资数量和质量的情况，不断地将清点数据传输到后台系统中，从而使得管理人员获得库存的盘点盈亏数据。

4. 配送全程自动化

通过手持终端，配送全程将可以实现可视化。配送员通过手持终端调用到目的地、收货人、货物等信息，扫描货物条码，进行配送，通过 GPS 功能，手持终端还可以将配送车辆信息等实时上传至管理中心，管理中心可实时掌控配送情况。

5. 物资查询

在任何时间或物流途中，都可以通过手持终端读取标签查询出制定物资的信息，特别是可以在不开箱的情况下，识别箱内物资的各种信息，使得管理人员在现场实现实时查询和指挥调度工作变得更加方便。

6. 快递企业揽件和派件管理

揽件和派件是快递企业最基础的工作环节，需要花费大量的人力和物力，及时将订单信息回传至公司系统，以便公司统一调配线路，安排运力。手持终端能有效地解决这个问题，揽件员扫描快递单上的条码，通过手持终端配置的无线通信功能即时回传至公司，公司可以立刻汇总统筹安排。派件时，通过条码扫描可输入收件人员信息，从而减少误收、错收等情况。

7. 快递企业场内管理

快递企业每天需要处理的快递成千上万件，目的地又不尽相同，将这些快件迅速进行归类打包的速度将影响到整个快递公司的效率，通过手持终端可清晰的显示快件的最终目的地，从而自动进行分拣，大大节省了快递企业人力资源。

【实训准备】

（1）熟读业务流程。

（2）熟知手持终端的使用方法。

【实训地点】

校物流实训中心。

【实训时间安排】

整个实训过程安排 6 个课时。

【实训工具】

出库通知单、手持终端、商品若干、托盘若干。

【实训步骤】

【步骤一】用户登录。

用户通过手持浏览器浏览用户登录页面（如图 3－55 所示），输入用户名与密码，点击登录，即可跳转至手持主页面（如图 3－56 所示）。

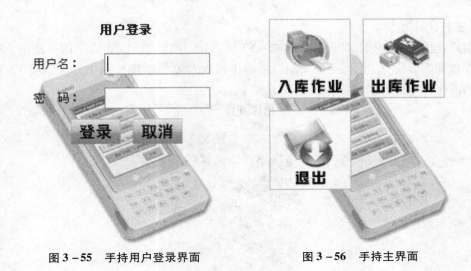

图 3 –55　手持用户登录界面　　　　　　　图 3 –56　手持主界面

【步骤二】进行出库流程。

　　用户在管理界面录入出库单据并确认生成作业之后，在手持操作页面进行出库流程操作。

　　用户登录成功后进入主界面（如图 3 –56 所示），单击主界面的"出库作业"图片按钮，进入出库作业选择界面（如图 3 –57 所示）。

图 3 –57　出库作业选择

【步骤三】出库理货。

用户在出库作业选择界面（如图 3-57 所示），单击"出库理货"图片按钮，进入出库理货列表界面（如图 3-58 所示）。单击列表右侧"操作"列中的"理货"，则会对该出库作业单进行理货操作。

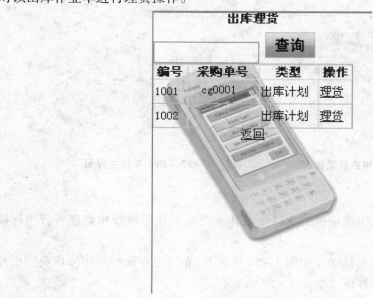

图 3-58 出库理货列表

【步骤四】出库下架。

用户在出库作业选择界面（如图 3-57 所示），单击"下架作业"图片按钮，进入下架作业界面（如图 3-59 所示）。输入托盘编码，单击查询，如若托盘上有待下架货物，则会查询出来并且显示，输入货位编码，单击"下架确认"按钮，则可对货物成功下架。单击"查看作业"按钮，能查看所有待下架的货物信息（如图 3-60 所示）。

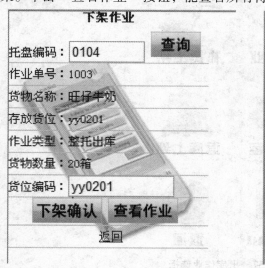

图 3-59 下架作业

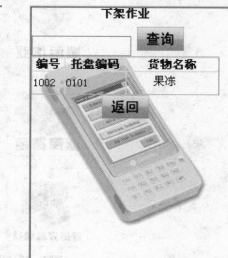

图 3-60 待下架作业列表

【步骤五】 出库搬运。

用户在出库作业选择界面（如图 3 - 57 所示），单击"搬运作业"图片按钮，进入搬运作业界面（如图 3 - 61 所示）。输入托盘编码，单击查询，如若托盘上有待出库搬运货物，则会查询出来并且显示，输入货位编码，单击"搬运确认"按钮，则可对货物成功搬运。单击"查看作业"按钮，能查看所有待出库搬运的信息（如图 3 - 62 所示）。

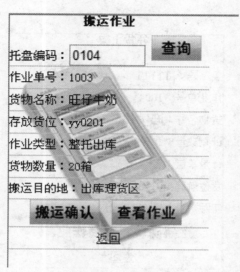

图 3 - 61　搬运作业

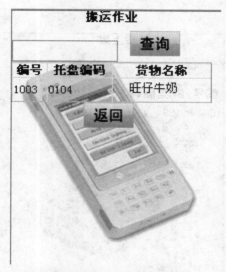

图 3 - 62　待搬运作业列表

【步骤六】 补货上架。

补货上架作业，是对补货计划单生成的出库作业进行搬运之后的一个补货操作。

用户在出库作业选择界面（如图 3 - 57 所示），单击"补货上架"图片按钮，进入补货上架作业界面（如图 3 - 63 所示）。输入物货条码，单击查询，如若有该货物的补货信息，则会查询出来并且显示，输入货位编码与实际数量，单击"上架确认"按钮，则可对货物成功补货上架。单击"查看作业"按钮，能查看所有待补货上架的信息（如图 3 - 64 所示）。

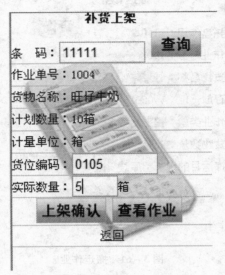

图 3 - 63　补货上架

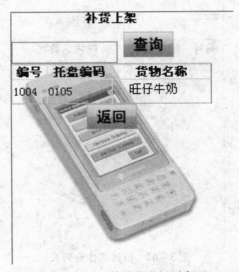

图 3 - 64　待补货上架列表

【步骤七】 返库搬运。

返库搬运作业，是对托盘货物未全部出库的托盘进行返库搬运的操作。

用户在出库作业选择界面（如图 3－57 所示），单击"返库搬运"图片按钮，进入返库搬运作业界面（如图 3－65 所示）。输入托盘编码，单击查询，如若有该托盘的返库搬运信息，则会查询出来并且显示，单击"搬运确认"按钮，则可对货物成功返库搬运。单击"查看作业"按钮，能查看所有待返库搬运作业的信息（如图 3－66 所示）。

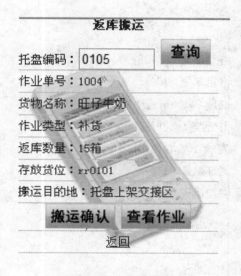

图 3－65　返库搬运作业

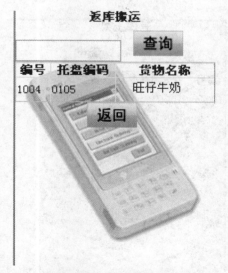

图 3－66　待返库搬运列表

【步骤八】返库上架。

返库上架作业，是对进行返库搬运之后的托盘货物进行上架的操作。

用户在出库作业选择界面（如图3-57所示），单击"返库上架"图片按钮，进入返库上架作业界面（如图3-67所示）。输入托盘编码，单击查询，如若有该托盘的返库上架信息，则会查询出来并且显示，单击"上架确认"按钮，则可对货物成功返库上架。单击"查看作业"按钮，能查看所有待返库上架作业的信息（如图3-68所示）。

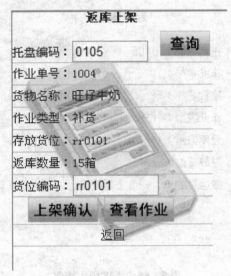

图3-67　返库上架

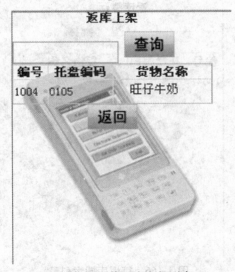

图3-68　待返库上架列表

【步骤九】 理货完成确认。

用户在出库作业选择界面（如图 3 - 57 所示），单击"理货完成确认"图片按钮，进入理货完成确认列表界面（如图 3 - 69 所示）。单击需要完成确认的单击右边"操作"列"选择"，进入理货完成确认详情界面（如图 3 - 70 所示），输入实际数量，单击"理货完成确认"按钮，即可对当前出库作业单据进行理货完成确认。

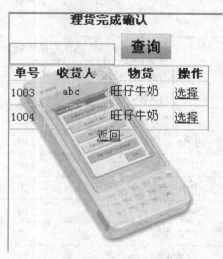

图 3 - 69　待理化完成列表

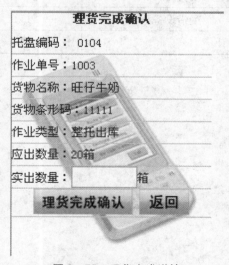

图 3 - 70　理货完成详情

【步骤十】 小组成员互评。

【步骤十一】 实训教师对实训效果进行总结和评价。

【注意事项】

（1）在模拟训练过程中，应严肃认真，严格按教师要求操作设备。

（2）文明操作，注意安全。

【实训评价】

手持终端出库操作能力训练评价评分表如表 3 – 3 所示。

表 3 – 3 　　　　　　　　　　手持终端出库操作能力训练评价评分表

考评人		被考评人	
考评地点			
考评内容	手持终端出库操作能力		
考评标准	具体内容	分值（分）	实际得分（分）
	训练工作态度	10	
	用户登录	5	
	出库理货	10	
	出库下架	10	
	出库搬运	10	
	补货上架	10	
	返库搬运	10	
	返库上架	10	
	理货完成	10	
	爱惜设备	15	
合　计		100	

项目四　POS与EDI在物流中的应用

项目四、POS与EDI在物流中的应用

任务一　POS 在物流中的应用

【任务情景】

小李是某大型超市的新聘用的收银员。为了使新聘用的收银员，更好更快地适应收银员的岗位，该超市对小李等人进行 POS 系统的相关知识的岗前培训。在培训过程中，特别要求收银员必须掌握 POS 收银机的操作规范，熟练无误的使用 POS 收银机。

【实训目标】

1. 掌握 POS 系统的概念、特征和结构。
2. 了解 POS 系统的设备。
3. 掌握 POS 机的操作使用。

【实训相关知识】

一、POS 系统的特征

POS（Point of Sale）系统也称为销售时点信息系统。从狭义来看，可能只是利用收银机协助卖场管理的自动化作业；但广义上则是利用收银机、光学自动读取设备，以达到管理整个商品的销售时点系统及订货时点系统。

具有如下特征：

1. 单品管理

单品管理是指对店内的最小细目的每一种商品进行精细管理。

2. 客户管理

通过 POS 系统的结账数据，管理和分析每一位顾客的消费习惯和消费额度。

3. 员工管理

通过 POS 系统掌握员工的工作效率和工作业绩。

4. 自动读取销售时点信息

在商品销售过程时，POS 系统的条码扫描器读取商品条码时，也将相关商品的销售信息输入到了商品管理系统中，因此在每一个销售时刻，都能及时掌握商品的销售信息、库存信息等。

5. 信息集中管理

经过 POS 系统手机的信息，可实时或分批传到店内或总部的计算机中，由计算机对各种信息进行统计、分析，为综合管理提出科学决策数据。

二、POS 系统的作用

（1）简化了商业部门的作业流程。

（2）提高了商店的运营水平。

三、商业 POS 系统硬件设备

（一）前台系统硬件设备

1. 收银机

收银机是微电子技术发展及现代化商品流通管理理念和技术发展结合的产物，是现代化、自动化商业管理必不可少的基本电子设备之一。

2. 条码扫描器

条码扫描器，又称为条码阅读器、条码扫描枪、条码扫描器、条码扫描枪及条码阅读器。它是用于读取条码所包含信息的阅读设备，利用光学原理，把条码的内容解码后通过数据线或者无线的方式传输到电脑或者别的设备。广泛应用于超市、物流快递、图书馆等扫描商品、单据的条码。

3. 打印机

POS 系统中，经常要打印销售发票或多联销售小票，因此配备的打印机是双针或单针击打式专用打印机。

（二）后台系统硬件设备

主要以档案伺服器为中心，主要掌控商品的资料主档，并提供前后台作业所需要的各项功能。

（三）POS 系统软件设备

1. 前台软件系统

主要为基本收银作业，一般包含：

（1）客户购买明细资料。

（2）交易查询作业。

（3）查账。

（4）结账作业。

2. 后台软件系统

主要用于数据管理和分析，一般包含：

（1）基本资料管理。

（2）库存商品管理。

（3）销售系统分析管理。

（4）采购进货管理。

四、POS 机的基本结构

（1）主机。

（2）POS 机的软件及数据存储器。

（3）显示器。

（4）键盘。

（5）打印机和票据打印机。

（6）外部设备接口。

五、POS 机的分类

1. 一类机

金额管理机被称为一类机。一类机的功能虽然简单，但使用方便，价格低廉，用于小型的专卖店、杂货店等。

2. 二类机

二类机具有商品管理能力和联网通信功能。一类机具有的功能二类机都具有，二类机最大的特点是多台联网，可将其网络系统与通用计算机相连，由后者统一管理，因而可对大型流通企业的销售进行全面管理。

3. 三类机

三类机是基于 PC 机的电子收银机，也称为 POS 机终端，是新一代收银机。它是计算机技术、通信技术和机械技术的综合应用，使收银机由早期单纯的信息采集工具进化为多功能的信息处理工具。

六、POS 机的维护与保养

1. 拆箱与安装

（1）整机拆箱时，应注意随机的附件及操作手册是否完备，拆装后应妥善保存未用的附件与操作手册。

（2）通电检查前，应检查安装有无问题，注意电源电压是否匹配。

2. 使用注意事项

（1）POS 机应尽量避免安置在潮湿和粉尘较多的地方，安置后不宜频繁搬动。

（2）POS 机如在交电、机电和家电部位安装，应和商品保持至少 5~8 米的间距，以防止电磁干扰。

（3）POS 机的电源插座在机箱背后，为防止因碰撞引起接口不稳定，应使顾客和通道处碰不到电源。

3. 耗材的选用与更换

（1）POS 机的主要耗材是打印机和色带。

（2）耗材的更换。

①打印机随 POS 机种类不同而不同，故应按操作手册要求换纸，严禁敞盖打印，

防止粉尘进入机内。

②POS 机的色带不同，应按操作手册要求换带，严禁敞盖操作，轧带时应请维护人员操作。打印机尤其是针式打印机较易损坏，操作更要仔细。

4. 常见故障与排除

（1）收银机没有任何显示：由于收银机放置在"卖场"中，环境比较恶劣，造成不显示的原因很多。突然出现此现象，应首先检查电源插头是否松动。

（2）收银机画面混乱：收银机画面混乱一般是由于收银机遭受意外，造成内部程序混乱，须有指定维护人员进行相应的处理。

（3）打印机不打印：打印机不打印一般是由于打印机某部分被卡住，如果此时按任何键均无反应，也可能是收银机由于异常而造成的死机状况，需要依照其他现象判断处理。

（4）收银机报警：收银机报警有两种情况：①打印机内尘土、纸屑过多，挡住传感器，造成报警，此时应打开盖子用吸尘器清理内部。②物品压在键盘上，造成持续报警。

【实训准备】

（1）掌握 POS 机的相关知识。

（2）学生分成几组，每组 4 ~ 5 人。

【实训地点】

物流实训室。

【实训时间安排】

整个实训过程安排 6 个课时。

【实训工具】

POS 机，POS 系统软件。

【实训步骤】

【步骤一】前台当班。

前台当班是一天工作的开始，进入前台主界面，点击前台当班按钮或按键盘"1"，系统会弹出当班界面，如图 4 - 1 所示。

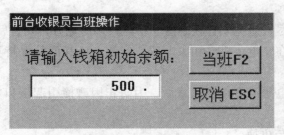

图 4 - 1　当班界面

在输入框中输入当班时的零钱（比如 500 元零钱，就在框中输入 500），然后按当班，提示是否真的当班，按"是"，此时钱箱便弹出，将零钱放入钱箱，即可完成当班工作。

【步骤二】前台收款。

前台当班工作完成后，即可进行前台收款操作，操作界面如图 4 – 2 所示。

图 4 – 2　前台收款

一、操作说明

1. "ESC"：退出收款界面

退出收款界面，只需按 ESC，然后按 Y。

2. "＋" 或 "F2"：收款

当需要销售的商品全扫描到界面上后，就可以按 "＋" 或者是 "F2" 进行收款操作。

3. "F3"：输入业务员

如果前台需要输入业务员，可按 F3，然后输入业务员编号，业务员编号就是员工编号，可在后台员工档案中设置，在这要注意的是如果在后台参数设置没有设置 "有业务员"，那在这就不可调出业务员，所以如果需要在前台输入业务员，那么在后台参数设置中一定要设置有业务员才行。

4. "F4"：挂单

挂单的意思是，如果某单在输入的过程中，客户突然说我还要买点别的，然后此时就可按 "F4" 先将这个单挂起来，接着可以给其他的客户收款。

5. "F5"：取单

取单是刚刚挂起的单如果客户又过来了，就可以按 "F5"，选择需要取的单据，调出挂起的单，继续收款操作。

6. "—"或"F6"：修改数量

如果在收款过程中，有的商品是买几件的情况下，可先按"—"或"F6"将数量改为销售的数量，然后输入商品的条码，那么销售的商品就是刚输入的数量

7. "/"或"F7"：修改折扣

如果在收款过程中，有的商品在需要打折的情况下，可先按"/"或"F7"将折扣改为销售的折扣，然后输入商品的条码，那么销售的商品就是刚输入的折扣进行销售，输入折扣时注意，如果是九折，那么输入的数字是90％，八五折的话输入的是85％。

8. "＊"或"F8"：单品改价

如果在收款过程中，有的商品需要更改价格的话，可先按"＊"或"F8"将价格改为销售的价格，然后输入商品的条码，那么销售商品的价格就是刚输入的价格。

9. "F9"：整单删除

如果在收款的过程中，当输入了一些商品时，然后客户说不需要了，那么在这种情况下就可以按F9将该单删除。

10. "F10"：查单

如果需要查询今天的销售单，那么可按F10进行查询，不过在此只能查询当天该操作员打的单据。

11. "Ctrl + K"：锁屏

如果收银员中途需要离开一会儿或者是其他的事情，可按"Ctrl + K"进行前台收银锁屏，输入锁屏密码，值得注意的是，此时输入的密码一定要记住，不然如果没有密码的话，等一下过来了只有关机才行。

12. "F12"：开钱箱

在收款的过程中，如果中途需要开钱箱，可按"F12"，输入密码后便可将钱箱弹出。

13. "Ctrl + T"：提款

在收款的过程中，如果中途钱箱的钱太多了，或者是需要钱急用的话，那么可按"Ctrl + T"提一部分款，打印小票，然后由提款人签名。

14. "Ctrl + S"：赠送

前台销售的过程中，如果中途有赠送的情况，那么可按"Ctrl + S"然后输入商品条码，此时该商品的单价为零，表示该商品是赠送出库的。

15. "F11"：表格栏与输入商品窗切换

在输入的过程中如果有某个商品输入错了，可按"F11"切换到表格栏中，然后选中输入错的那个商品按Delete，即可将该商品删除。

16. "Ctrl + F8"：查客户

前台如果想查询客户资料，可按"Ctrl + F8"在弹出的界面中输入客户的编号、名称或电话，并可查询到该客户的其他信息（如累计购物额、累计积分等），在前台可以进行积分充减操作。

17. "Ctrl + F11": 查商品

前台如果想查询商品的信息,可按"CTRL + F11"在弹出的界面中输入商品的条码、编号或名称,可以模糊查询到商品的详细资料。

18. "Ctrl + F12": 取资料

后台如果修改了一些基本资料信息,前台如果没有退出系统,重新进入一遍,这些修改的信息在前台是不能体现出来的,此时就可以在前台直接按"Ctrl + F12"取一次资料。

二、收款流程

前台在按了"+"号或者是"F2"时,系统会弹出操作界面,如图 4 - 3 所示。

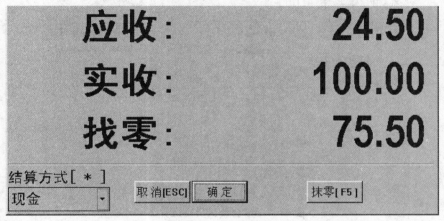

应收: 24.50

实收: 100.00

找零: 75.50

结算方式 [*]
现金

取消[ESC] 确定 抹零[F5]

图 4 - 3 收款界面

在此界面中显示应收、实收、找零。应收表示本单的合计金额,实收表示本单实际收客户的金额,找零表示需要找客户的金额(实收—应收)。

如果有客户在收款时需要去掉零头,可按"抹零"按钮,在弹出的界面中输入需要抹去的金额,那么应收金额就会减去抹掉的那部分金额。

如果客户是会员客户或者是储值卡客户,那么可在此按"/",输入会员或储值卡卡号,系统便会自动根据会员的优惠方式进行打折,那么应收就会变成会员应收,如果是储值卡的客户的话,那么此单的金额会直接从卡里面扣除。

【步骤三】销售明细。

前台可以查询当天的销售明细,不过只能查询当班收银员的收银记录,并不可打印。

可通过单据编号、商品名称、类别、单据类型等查询前台的销售情况。

(1)单据编号:前台收银的单据编号。

(2)自编码/条码:商品的条码或者是商品的店内码。

(3)商品名称:商品的名称或者是商品的全称。

(4)规格:商品的规格型号。

（5）单位：商品的基本单位。

（6）数量：商品的销售数量。

（7）单价：商品的销售价格。

（8）金额：销售数量 × 销售价格。

【步骤四】前台交班。

当一天的工作完成后，最后需要做的工作便是前台交班，交班时打印交班记录表，表中记录交班操作员、当班时间、交班时间、当班时钱箱余额、收款金额、交易笔数等信息，收银员最后将交班报表和现金一并交给财务核对（操作界面如图 4 - 4 所示）。

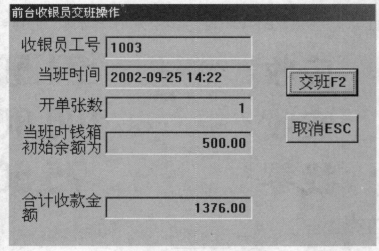

图 4 - 4　前台收银员交班界面

【步骤五】修改密码。

收银员可以更改自己的密码，操作方法很简单，先进入"修改密码"，在弹出的界面（如图 4 - 5 所示）中输入一次旧密码，然后再输入两次新密码，最后按确定即完成。要注意的是两次新密码一定要相同，否则不可更改密码。

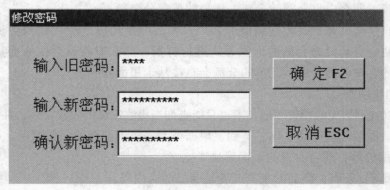

图 4 - 5　修改密码

【步骤六】 参数设置。

参数设置是最重要的一步，一般由系统管理员来设置（如图 4 - 6 所示）。

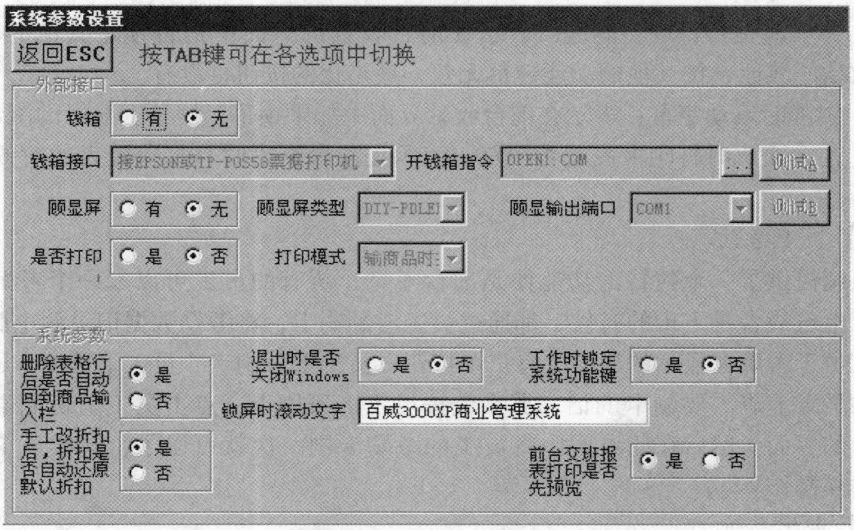

图 4 - 6　系统参数设置界面

（1）钱箱：如果接有钱箱则选择"有"，否则选择"无"。

钱箱接口有四种：接 EPSON 或 POS58 打印机、接 STAR 票据打印机、接钱箱卡或其票据打印机、接 DIY 顾客显示屏，这四种接口根据自己的情况选择适当的接口，在选择完后，点击测试，试一下钱箱是否会弹出。

（2）顾显屏：如果接有顾客显示屏则选择"有"，否选择"无"。

顾显屏类型：我们软件提供的顾显屏类型有：LED11、LED12、MBI1828、DIY - LED8、DIY - LED8N、DSP440 液晶顾显、IC - 851 顾显，选择合适的顾显类型，顾显输出端口：com1、com2、com3、com4。

（3）是否打印：如果接有打印机，则选择"是"，否则选择"无"。

打印模式：分为收款时打印和输入商品时打印两种，两种有什么区别呢，如果是选择收款时打印，那么在输入商品时就不会打印，只有收完了款最后才开始打印，而如果选择输入商品时打印的话，那么每输入一个商品都会打印，那样的话会节约打印时间，客户只要交完钱就可以把小票打完。一般情况下都是选择输入商品时打印。如果是选择收款时打印，那么下一个选择会提示是否在打印前预览，如果不想预览那么就选择"否"。如果是选择输入商品时打印的话，下一个选择是打印机类型，有两种选择：EP-SON - TM300K 和其他硬字库打印机，根据自己打印机的情况定。最后还有一个选项就是纸张的宽度，一般市面上的收银纸张有两种，一种是 75 毫米，还有一种是 57 毫米。

（4）删除表格行是否自动回到表格栏：表示前台收款时，如果按 F11 到表格后，删除某条商品后，是否自动将光标回到商品输入框。

（5）手工改折扣后是否自动还原到默认折扣：表示如果按 F7 手工改了商品的折扣

的话，是否自动还原到默认折扣。

（6）退出进是否关闭 Windows：表示前台收款时退出系统的话，是否同时退出 Windows。

（7）工作时是否锁定功能键：表示在前台收款的界面中是否锁定其他的功能键，只能在收款的界面，按其他的功能键都无效，最小化的按钮也没有。

（8）锁屏时滚动字幕：表示在前台收款界面中如果锁幕，屏幕上显示的滚动字幕。

（9）前台交班时打印报表是否预览：表示在前台交班时，打印报表的时候是否需要预览。

【步骤七】员工考勤。

本系统提供了一个独特的功能便是前台考勤，所有的员工可以配一个考勤卡，然后在每天上班或者是下班的时候，都通过员工考勤刷卡，将考勤数据记录到电脑。

进入员工考勤在显示的界面上有三个按钮：员工上班刷卡、员工下班刷卡、退出。

如果员工上班需要刷卡的话，那么就按员工上班刷卡，点击员工上班刷卡，会弹出请刷卡的界面，然后在此界面中将员工的考勤卡刷一次就可以了，同样员工下班刷卡也是这样操作。

【步骤八】退出系统。

如果所有的工作全部完成或者是中途需要退出系统的话，就按退出系统按钮，或者按键盘 ESC 键也可以，系统便全部退出系统。

【注意事项】

（1）学生在操作前，要先看操作手册，以免错误操作。

（2）操作 POS 机时，要爱惜。

【实训评价】

POS 机的基本操作实训评价如表 4 - 1 所示。

表 4 - 1　　　　　　　　**POS 机的基本操作实训评价**

考评人		被考评人	
考评地点			
考评内容	POS 机的基本操作		
考评标准	具体内容	分值（分）	实际得分（分）
	正确开机	20	
	检查链接	10	
	输入工号，口令登录	25	
	输入交易的内容，完成交易	25	
	安全退出系统	20	
	合　计	100	

任务二　使用 EDI 模拟软件完成物流单证的传递

【任务情景】

　　自 20 世纪 80 年代以来，在新技术革命浪潮的猛烈冲击下，一场高技术竞争席卷世界，使人类社会的一切领域正在飞速地改变着面貌。用 EDI 的方式减少了因重复录入而浪费的人力和时间，大大地提高了效率，同时还减少了纸张的消耗。因此，在贸易活动中越来越多的单据是用 EDI 的方式来传递的。

【实训目标】

　　1. 掌握 EDI 的概念、结构和工作原理。

　　2. 掌握 EDI 的引用标准。

　　3. 掌握 EDI 系统的操作过程。

【实训相关知识】

一、EDI 概念

电子数据交换（Electronic Data Interchange，EDI）又称无纸贸易，是指通过电子方式，采用标准化的格式，利用计算机网络进行结构化数据的传输和交换。

二、EDI 的特点

（1）单证格式化。

（2）自动化处理。

（3）报文标准化。

（4）运作规范化。

（5）EDI 软件结构化。

三、与现行的纸面贸易文件处理过程相比，EDI 技术的优点

（1）取代纸面贸易，降低成本与获得竞争战略优势。

（2）减少重复录入，信息传递快，可靠性强，增加了贸易机会。

（3）缩短付款时间，有效加速资金流通。

（4）及时提供更快的决策支持信息，并得到即时确认。

（5）提高可靠性和办公效率，改进质量和服务。

四、EDI 系统组成

EDI 系统是由数据标准化，EDI 的软件与硬件以及数据通信网络构成，如图 4 – 7 所示。

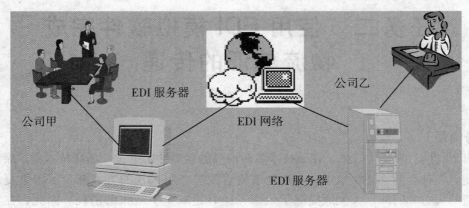

图 4 – 7　EDI 系统示意

1. 数据标准

物流业 EDI 标准主要包括运输业 EDI 标准与仓储业标准 EDI。目前，我国已制定的物流业单证标准有：进出口许可证、原产地证书、装箱单和装运声明等。

2. EDI 系统的硬件与软件

（1）EDI 系统的硬件：计算机、调制解调器、通信线路。

（2）EDI 系统的软件：转换软件、翻译软件、通信软件。

3. EDI 文件的接收和处理

接收和处理过程是发送过程的逆过程。首先需要通过通信网络接入 EDI 信箱系统，打开自己的信箱，将来函接收到自己的计算机中，经格式校验、翻译、映射还原成应用文件。最后对应用文件进行编辑、处理和回复。

在实际操作过程中，EDI 系统为用户提供的 EDI 应用软件包，包括了应用系统、映射、翻译、格式校验和通信连接等全部功能。其处理过程，用户可看作是一个"黑匣子"，完全不必关心里面具体的过程（某贸易公司报关 EDI 系统如图 4 – 8 所示）。

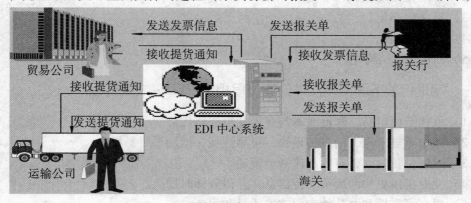

图 4 – 8　贸易公司报关 EDI 系统示意

五、EDI 的工作原理

订单与订单回复（如图 4 – 9 所示）。

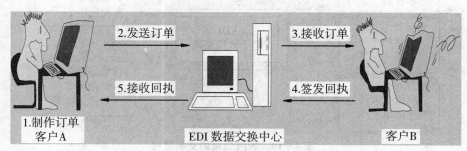

图 4 – 9　EDI 的工作原理示意

（1）制作订单：买方根据自己的需求在计算机上操作，在订单处理系统上制作出一份订单来，并将所有必要的信息以电子传输的格式存储下来，形成买方的数据库，同时产生一份电子订单。

（2）发送订单：买方将此电子订单通过 EDI 系统传送给供货商，此订单实际上是发向供货商的电子信箱，它先存放在 EDI 交换中心，等待来自供货商的接收指令。

（3）接受订单：供货商使用邮箱接收指令，从 EDI 交换中心自己的电子信箱中收取全部电子邮件，其中包括来自买方的订单。

（4）签发回执：供货商在收到订单后，使用自己的计算机上的订单处理系统，为来自买方的电子订单自动产生一份回执，经供货商确认后，此电子订单回执被发送到网络，再经由 EDI 交换中心存放到买方的电子邮箱中。

（5）接受回执：买方使用邮箱接收指令，从 EDI 交换中心自己的电子信箱中收取全部电子邮件，其中包括供货商发来的订单回执。整个订货过程至此结束，供货商收到订单，买方（也就是客户）则收到了订单回执。

六、EDI 在物流行业中的应用

1. 物流公司的 EDI 应用

EDI 技术在物流业中的应用是指货主、承运业主以及其他相关的单位之间，通过 EDI 系统进行物流数据交换，并以此为基础实施物流作业活动的方法。物流 EDI 参与单位有货主（如生产厂家、贸易商、批发商和零售商等）、承运业主（如独立的物流承运企业等）、实际运送货物的交通运输企业（铁路企业、水运企业、航空企业和公路运输企业等）、协助单位（政府有关部门和金融企业等）和其他的物流相关单位（如仓库业者和专业报送业者等）。物流公司的交易流程如图 4 – 10 所示。

2. EDI 在运输业中的应用

企业若为数据传输而引入 EDI，可选择低成本方式。可先引入托运单，接收托运人传来的 EDI 托运单报文，将其转换成企业内部的托运单格式，其优点是：

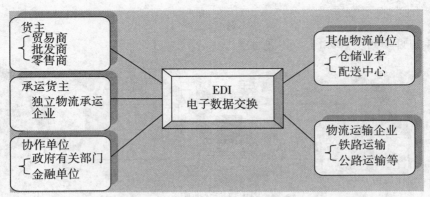

图4-10 物流公司的交易流程

（1）事先得知托运货物的详情，包括箱数和重量等，以便调配车辆。

（2）不需重新输入托运单数据，节省人力和时间，减少人为错误。

若引入 EDI 是为改善作业流程，可逐步引入各项单证，逐步改善托运、收货、送货、回报、对账和收款等作业流程。运输商的交易流程如图4-11所示。

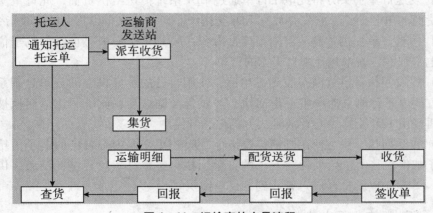

图4-11 运输商的交易流程

①托运收货作业：事先得知托运货物之详情，可调配车辆前往收货。托运人传来的 EDI 托运数据可与发送系统集成，自动生成发送明细单。

②送货回报作业：托运数据可与送货回报作业集成，将送货结果及早回报给托运人，提高客户服务质量。此外，对已完成送货的交易，也可回报运费，供客户提早核对。

③对账作业：可用回报作业通知每笔托运交易的运费，同时运用 EDI 催款对账单向客户催款。

④收款作业：对托运量大且频繁的托运客户，可与其建立 EDI 转账作业，通过银行进行 EDI 转账。

【实训地点】

　　物流多媒体教室。

【实训时间安排】

　　整个实训过程安排 6 个课时。

【实训工具】

　　模拟任务题，EDI 仿真软件，计算机。

【实训步骤】

【步骤一】点击 EDI 仿真软件的图标（如图 4 – 12 所示）。

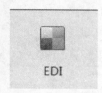

图 4 – 12　EDI 仿真软件图标

【步骤二】显示 EDI 模拟系统的界面（如图 4 – 13 所示）。

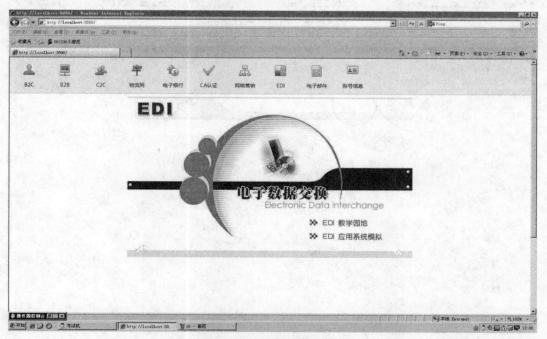

图 4 – 13　EDI 模拟系统的界面

【步骤三】点击"EDI 应用系统模拟"，进入 EDI 的系统模拟界面。

【步骤四】注册一个 EDI 用户账号。界面如图 4 – 14 所示。

【步骤五】在注册表单中填写相应的注册信息。并且成功地获得一个账号。界面如图 4 – 15 所示。

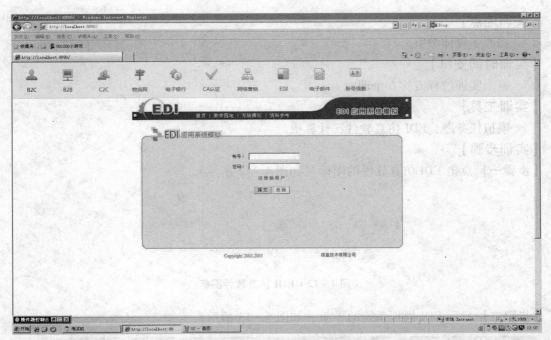

图 4 – 14　用户账号注册界面

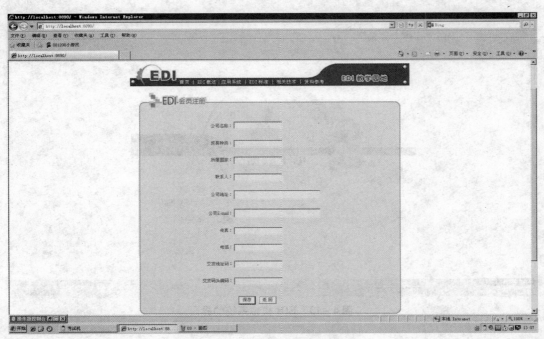

图 4 – 15　账号注册表单界面

【步骤六】用注册好的账号，登录该 EDI 模拟系统。登录后的操作界面如图 4 – 16
所示。

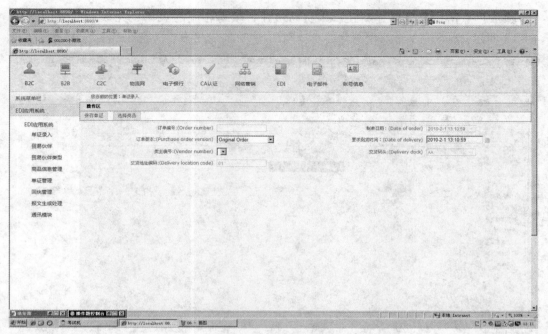

图 4 – 16 EDI 模拟系统主界面

【步骤七】点击贸易伙伴的类型，新建一个贸易伙伴的类型，填写相应的表单（如图 4 – 17 所示）。

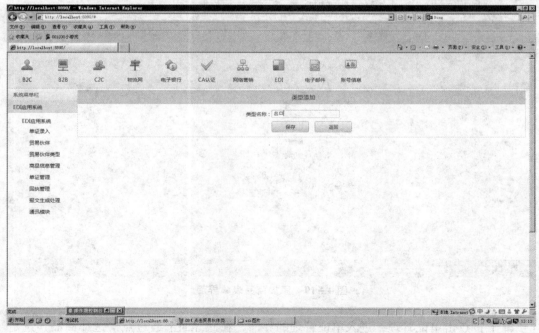

图 4 – 17 新增贸易伙伴类型的表单界面

【步骤八】点击贸易伙伴，新建一个贸易伙伴，填写相应的表单，完成后的界面如图 4－18 所示。

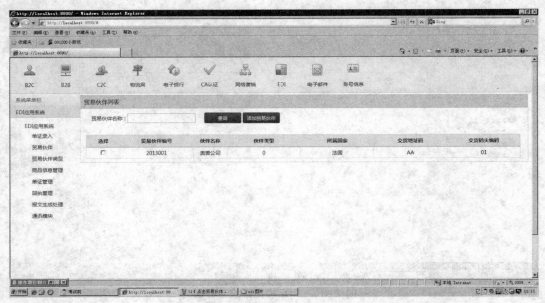

图 4－18　新增贸易伙伴的表单界面

【步骤九】点击商品信息管理，添加商品。界面如图 4－19 所示。

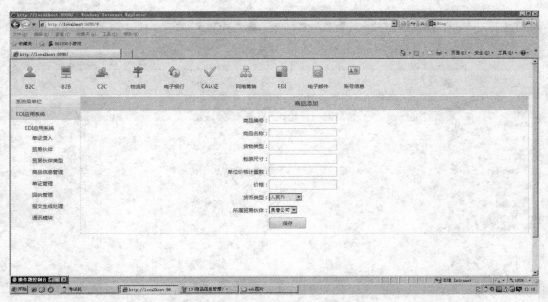

图 4－19　添加商品表单界面

【步骤十】点击单证管理，进入单证管理的界面，在此界面上通过点击选择商品，选定相应的商品，并填写相应的信息并保存该单证。界面如图 4－20 所示。

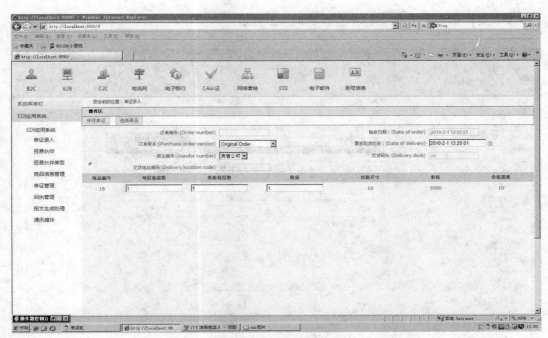

图 4 – 20　单证管理界面

【步骤十一】点击单证管理，查询到刚才填制的单证。然后选择单证明细，生成平面文件，当然也可以作废这张单证。界面如图 4 – 21 所示。

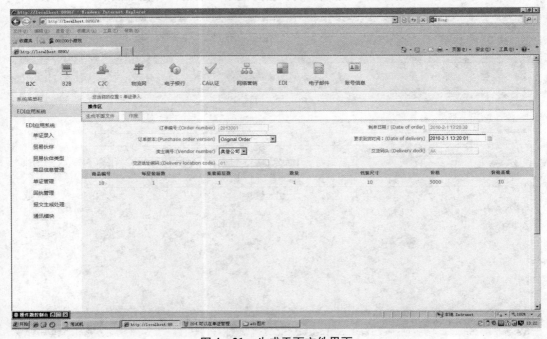

图 4 – 21　生成平面文件界面

【**步骤十二**】生产 EDI 报文。界面如图 4 – 22 所示。

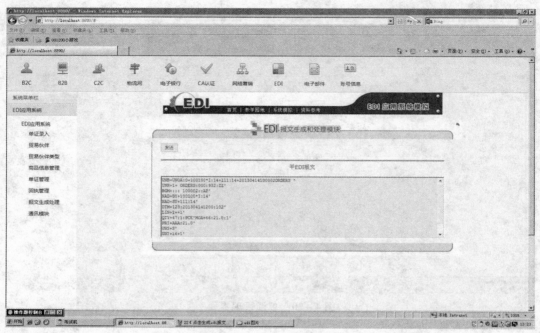

图 4 – 22   生产 EDI 报文界面

【**步骤十三**】发送 EDI 报文。发送成功后，会有提示对话框。界面如图 4 – 23 所示。

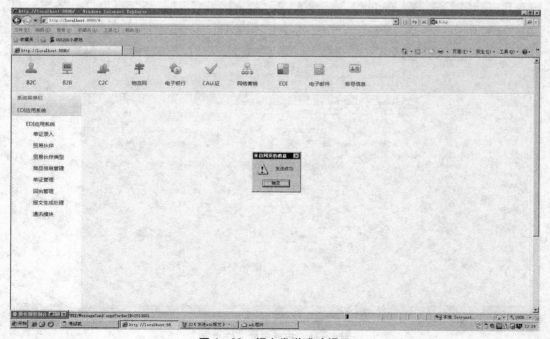

图 4 – 23   报文发送成功提示

【注意事项】

（1）学生要仔细观看下发的任务书。

（2）理顺操作过程中的先后顺序。

（3）录入的时候要仔细。

【实训评价】

使用 EDI 模拟软件完成物流单证的传递实训评价如表 4 - 2 所示。

表 4 - 2　　　　　　　使用 EDI 模拟软件完成物流单证的传递实训评价

考评人		被考评人	
考评地点			
考评内容	使用 EDI 模拟软件完成物流单证的传递		
考评标准	具体内容	分值（分）	实际得分（分）
	用户注册	30	
	贸易类型，贸易伙伴的建立	30	
	录入单证，生成报文	30	
	发送报文	10	
合　计		100	

【知识拓展】

EDI 铸造联华超市"生命链"

在上海，如果你选择去超市购物，精明的上海人一定会建议："买百货，去家乐福；但要是选生鲜，就一定得去联华看看。"

当强大的对手沃尔玛、家乐福已经将卫星传输系统用于信息数据的传递时，联华超市是靠什么神秘武器打响了"个性生鲜"这块金字招牌？这神秘武器的背后又隐藏着怎样曲折的故事呢？

当《IT 时代周刊》记者在与联华超市技术总监赵爽谈到联华的核心竞争力时，一则鲜为人知的联华"生命链"的故事开始呈现在世人面前。

多业态的烦恼

故事最早开始于 1996 年的夏天，当时正是联华超市管理层体会到前所未有的恐惧和担忧的时刻。

一方面，自 1995 年起，全球零售业大鳄"家乐福"开始进军中国市场，并在短短一年时间里迅速完成上海、北京两地的战略布局，而上海最大规模的卖场在 1996 年由家乐福兴建完成。

另一方面，1996 年也是上海各大小便利店最集中"诞生"的一年，好德、良友……如雨后春笋般纷纷冒出。

而联华超市是上海的本土企业，长期走的是中规中距的标准超市模式。中等规模、日常用品、标准价格……没有大卖场货全价低的优势，也没有小便利快捷方便的长处，联华的优势在哪里？

1996 年 7 月，总经理王宗南以及公司高层一直在狭小的会议室里商讨着对策，"既然大卖场、便利店都有各自的优势，那么联华可以借鉴二者优势，走多元化路线。"

多元化意味着企业的长大，8 月开始，联华以每天两家便利的速度膨胀，第一家联华大卖场也迅速在位于长寿路的闹市口破土动工。由单一的标准超市转变成大卖场、标准超市和便利店兼有的多元态经营模式。

联华感受到了成长的喜悦，但"成长的烦恼"很快也接踵而来。最大的困扰来自供货系统，那时联华的一整套供货系统尚处于完全手工操作的状态。当大卖场、便利店、标准超市需要某种商品时，传递信息的方式只有两种：一是门店通过发传真的方式将所需物品的种类和数量传递给采购中心，然后采购中心按照收到传真的先后顺序，检查各类商品的仓储情况，确定所能发出货物的数目和种类，再通过传真反馈给各门店，最后完成发货工作；二是对于紧急或特殊商品，门店通过电话直接联系供货商，由供货商直接发货给各门店。这两种供货方式在单一标准超市的模式下，尚可以基本解决供应链问题，但在多元化后的联华，这样的供货方式就举步维艰了。

供应链脱节的第一环出现在便利店，便利店的方便快捷是其最大的优势所在，对供应系统的反应速度也就要求极高。比如雨伞，平时购买的数量极少，但在雨天可能会一下子猛增。便利店能否及时将雨伞的需求信息传递给采购中心或供应商？采购中心和供应商是否有足够的货源？货物是否能及时送抵？……都是必不可少的关键因素。而当时联华很多便利店的状况是"下雨时没有伞，因为伞卖空了；天晴了雨伞积压，因为货来晚了"。

大卖场的供货系统同样厄运难逃。大卖场的典型特点是物品众多、需求复杂。通过电话和传真的方式提供订单的方式，远远不能满足大卖场数以万计不同类别商品的复杂需求。1997 年的联华大卖场，许多商品重复订货，而另一些商品则缺货，甚至 3 天都得不到补充。

如此一来，不但门店对于供应链的抱怨不断，联华的供应商们也同样牢骚满腹。联华长期的供应商美国雀巢公司在 1997 年 6 月 12 日的联华供货会上曾非常严肃地提出："联华的供应链系统过于滞后，我们自己的商品在联华超市的销售状况无法得到及时的信息反馈，很多商品造成积压或无法及时供应，损失严重，联华必须改变现在的供应链模式。"联华到了必须改变供应链系统的时刻。

"挥泪斩马谡"

1997 年 7 月到 9 月，联华超市狭小的办公室里，由赵爽、凌震等人组成的信息化小组紧张地商议着供应链电子化的方案。

9 月 13 日，联华信息化小组供应链电子化的最后一次集中会议上，气氛有点紧张。

连日来争论的焦点一直停留在外部供应链、内部供应链改革谁先上线的问题上，大家都有些疲惫，但火药味却并没有因此而减退。

凌震一方极力主张，"内部供应链是核心，我们现在连总部与各门店的关系尚未理顺，外部供应链从何谈起？"

而赵爽的态度平静中透着坚决，"外部供应链的信息化具有传导效应，一旦我们的采购中心与长期合作的厂商建立起 B2B 的电子商务平台，采购中心会成为一个中枢，对下一步推广内部供应链的信息化能产生'多米诺骨牌效应'。"

长时间的争论，夹杂着偶尔的沉默和思考，原本安排 3 小时的会议，从早晨九点一直持续到了晚上的八点，两种方案利弊比较后，信息化小组的多数成员最终达成了一致：选择外部供应链作为切入口。

10 月 10 日，联华外部供应链电子化方案正式启动。按照实施方案，联华首先需要建立电子化的采购中心，然后在此基础上与长期合作的供应商建立起 B2B 的电子交易平台。

建立电子化的采购中心，在 1997 年的中国超市业中并不普遍，可供借鉴的经验大多来自家乐福、沃尔玛等国外大型超市。

然而，对于国外超市电子化采购中心的经验，联华如果拿来应用是否会水土不服？

信息化小组在选择合作对象时格外谨慎。当时，北京商学院和杭州商学院共同研制的 EDI 自动订货系统刚刚获得"国家科技进步奖"，这条信息很快吸引了信息化小组成员的视线，在反复研究 EDI 自动供货系统的运作特点后，他们决定启用这套系统。但难题来了，北京商学院和杭州商学院的科研小组从未有过 EDI 的实施经验，如果由他们来实施这套系统，联华的风险无疑会增大。这时，上海同振信息技术有限公司（以下简称"同振"）来了，他们刚刚成功地为北京华联超市实施了"超市发"系统。

1997 年年底，EDI 自动订货系统在联华开始了全面建设。系统实施初期，由于前期准备工作比较充分，一切似乎都很顺利。EDI 订货系统从 1999 年 3 月正式投入使用，首先联华与其长期供应商上海家化、达能饼干、雀巢公司等十多家之间实现联网。接着在 2001 年 2 月，"供应商综合服务平台"模块上线，这一模块上线后，采购中心在此平台上，可通过自动传真、发 E-mail、EDI 等多种方式迅速将订货信息传递给供应商，供应商也可以到此平台上查询自己商品的销售、库存等信息。通过与供应商有效共享各项信息数据，供应商可以参与联华的商品销售管理、库存管理。就在信息化小组的成员感到欣慰和骄傲时，前所未有的挑战出现了。

2001 年 8 月，高层和信息化小组在反复商议多次后，决定把"与联华建立 B2B 的电子交易平台"作为供应商与联华签订供货协议时的一项必要条件。在联华看来，交易平台的建立可以使供应链更加顺畅快捷，而且联华旧供应链的种种不足也是供应商反映的焦点。在赵爽们的想象中，新平台的推广阻力应该不会太大，可是没想到的事发生了。

"我们和联华都合作那么多年了，现在突然要上什么交易平台，费钱又费时间，这样的事我们不干！""这个系统上线太费钱了，如果联华逼着我们上，我们就从联华撤柜。"

8月9日，联华的办公大楼里聚集了前来"控诉"的供货商，有些还是联华合作多年的"伙伴"。怎么办？继续坚持，可能意味着失去一部分合作关系很好的供应商；放弃计划，两种交易方式并存，既是效率的浪费，在未来更可能造成联华发展的"瓶颈"。

信息化小组的成员有些踌躇不前了，倒是联华的总经理王宗南在这场危机前表现得分外冷静。"我们要向供应商说明平台上线后的好处，对于供应商长期发展的有益之处。工作做到位了，如果还不行，我们宁愿放弃这部分的供应商！"

随后的两个月里，信息化小组一直在尽力说服对平台建设心存疑虑的供应商，"平台上线后，你们可以看见你们的商品在联华的销售状况，也能更加合理地安排下一步的生产计划，加快资金和商品周转，减少资金占用量。"

尽管一部分供应商在对联华的抱怨声中依然离去，但一部分供应商也开始在赵爽们的苦口婆心下回心转意。

经历这次风浪后，联华和供应商分外珍惜彼此的合作。借鉴前面和上海家化、达能饼干等十多家供应商的合作经验，同时依据各厂商的信息化程度和资金实力，联华针对不同的厂商设计了不同的时间表。截至2003年12月，联华已与近3000家供应商完成了B2B的电子交易平台。

飞跃两步棋

2002年8月，联华的外部供应链正在紧锣密鼓地筹建，一场来自内部供应链的风波悄悄发生了。

随着联华门店膨胀速度日趋加快，到2002年8月，联华在全国的门店数已超过2000家，且多态化趋势日益鲜明。内部供应链的矛盾在积压多时后，终于火山般地爆发了。

在B2B的电子平台上线前，门店有两种进货方式可以选择：向采购中心订货和向供应商直接要货。自电子平台上线后，许多供应商为了简化手续，对联华的供货统一通过电子平台完成，这意味着它们只向采购中心供货，不再单独向各门店供货了。而采购中心和门店之间的供货由于没有采用信息化模式，依然停留在传统的电话和传真方式上，门店要进货，总是需要极大的耐心，因为前面有长长的等候队伍。

而茫然的还不止是各门店，采购中心也一样的困惑。他们与各门店之间没有交易平台，他们不了解各门店的销售状况和需求信息，他们无法及时传递他们的仓储信息。内部供应链的改革被逼到了死角。

一波未平，一波又起，联华的经营模式也开始受到挑战：传统超市商品，没有个性特色，没有价格优惠，门店营业额日趋下降。

"眼前的磨难未尝不是件好事，或许联华可以同时完成这两步棋。"当时的总经理王宗南显得异常冷静。

2002年9月，联华的高层和市场部人员用了整整一个月的时间给联华重新定位，

"可以将'个性生鲜'定为联华的特色，它占用资金少，周转速度快，同时也是其他国外大型超市所不具备的，但内部供应链的信息化必须立刻跟上。"

10 月，"同振"开始为联华各门店与采购中心之间、各门店与供应商之间建立全面的大规模网络系统，各门店订货又恢复了两条线的方式，而且新的两条线是完全建立在电子平台的基础之上，各门店可以通过 EDI 系统向采购中心或供应商发送订货单，采购中心和供应商也可以在系统中查询自己商品在联华各门店的销售状况，合理安排生产和库存。

内部供应链完善的最大受益者还是生鲜产品。2002 年 11 月，联华超市与光明乳业之间建立了自动要货系统。联华各门店在每天晚上 12 点之前汇总当天光明乳业的牛奶销售和库存信息，并在次日 9 点前将该数据传送至联华总部电子数据交换系统（EDI 系统），这些数据处理后在当天 12 点加载到光明乳业有效客户反应系统（ECR）。光明乳业收到数据后，根据天气、销售、促销指标等因素进行订单预测。经预测的订单产生后，该公司开始做发货准备，并将订单数据发送到联华总部电子数据交换系统，联华门店当日晚上 9 点前将收到收货信息，光明乳业在第三天上午 6 点半以前将所订的牛奶送到联华各门店。联华门店在收到货物后，除了在收货单据上签收外，还必须在当日中午 12 点之前将收货信息自动导入管理信息系统（MIS）。

自动订货系统的推行，使牛奶这一冷链商品在门店销售中既保证了鲜度又扩大了销售。同样的方式，"个性生鲜"的特点逐步在联华扎根生长。

两步棋神奇地并作一步完成了。而联华铸造生命链的故事似乎带给了人们这样一种启示：每一个行业都有自己的"生命链"，抓住"生命链"，对症下药，才是企业永远的胜利法则。

项目五　GPS与GIS在物流中的应用

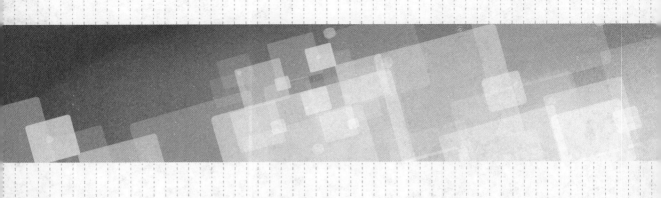

任务一　GPS 在物流中的应用

【任务情景】

现实生活中，GPS 定位主要用于对移动的人、物、车及设备进行远程实时定位监控的一门技术。现代 GPS 定位是结合了 GPS 技术、无线通信技术（GSM/GPRS/CD-MA）、图像处理技术等更多应用在了 GPS 车载终端设备中。同学们可以以 51 地图为例，进行一次同城公交换车导航，以及城区 GPS 行车导航的尝试，体验 GPS 给我们生活带来的便捷。

【实训目标】

1. 了解 GPS 的发展、功能。
2. 理解 GPS 工作原理。
3. 掌握 GPS 的应用。
4. 熟练 GPS 的操作。

【实训相关知识】

一、GPS 概述

GPS 是英文 Global Positioning System（全球定位系统）的简称。GPS 起始于 1958 年美国军方的一个项目，1964 年投入使用。20 世纪 70 年代，美国陆海空三军联合研制了新一代卫星定位系统 GPS。主要目的是为陆海空三大领域提供实时、全天候和全球性的导航服务，并用于情报收集、核爆监测和应急通信等一些军事目的，经过 20 余年的研究实验，耗资 300 亿美元，到 1994 年，全球覆盖率高达 98% 的 24 颗 GPS 卫星星座已布设完成。在机械领域 GPS 则有另外一种含义：产品几何技术规范（Geometrical Product Specifications，GPS）。

二、GPS 的主要特点

GPS 是英文 Global Positioning System 的缩写，即全球定位系统，它是利用卫星星座、地面控制部分和信号接收机对对象进行动态定位的系统。

具有如下特点：

（1）全球、全天候工作。

（2）定位精度高。

（3）观测时间短。

（4）操作简便。

（5）功能多、用途广。

（6）抗干扰性能好、保密性强。

（7）测站间无须通视。

三、GPS 的功能

1. 跟踪定位

监控中心能全天候 24 小时监控所有被控车辆的实时位置、行驶方向、行驶速度，以便最及时地掌握车辆的状况。

2. 轨迹回放

监控中心能随时回放近 60 天内的自定义时段车辆历史行程、轨迹记录（根据情况，可选配轨迹 DVD 刻录服务）。

3. 报警（报告）

（1）超速报警：车辆行驶速度超出监控中心预设的速度时，及时上报监控中心。

（2）区域报警（电子围栏）：监控中心设定区域范围，车辆超出或驶入预设的区域会向监控调度中心给出相应的报警。

（3）停车报告：调度中心可对车辆的历史停车记录以文字形式生成报表，其中描述车辆的停车地点、时间和开车时间等信息，并可对其进行打印。

（4）应急报警：一旦遇有紧急险情（如遭劫等），请马上按动应急报警按钮，向监管中心报警，监管中心即刻会知道您处于紧急状态以及您所在的位置。经核实后，进入警情处置程序，助您脱险（注：一旦应急报警按钮启动，此设备会立即关闭通话功能，但短信功能正常）。

（5）欠压报警，当汽车电瓶电压过低时，车载主机会自动向监控中心报警，由监控中心值班员提醒用户及时给车辆充电。

（6）剪线报警，车辆主电瓶被破坏后或不能供电时，内置备用电池可维持产品继续工作，并向监控中心发送剪线报警。

4. 地图制作功能

根据查看需要，客户可以添加修改自定义地图线路，以更好服务企业运行。

5. 里程统计

系统利用 GPS 车载终端的行驶记录功能和 GIS 地理系统原理对车辆进行行驶里程统计，并可生成报表且可打印。

6. 车辆信息管理

方便易用的管理平台，提供了车辆、驾驶人员、车辆图片等信息的设定，以方便调度人员的工作。

7. 短信通知功能

将被控车辆的各种报警或状态信息在必要时发送到管理者手机上，以便随时随地掌握车辆重要状态信息。

8. 车辆远程控制

监控中心可随时对车辆进行远程断油断电，锁车功能。

9. 车载电话

车载电话可以像普通手机一样拨打电话，调度中心可对此电话进行远程权限设置，即呼入限制、呼出限制、只能呼叫指定的若干电话号码。

10. 油耗检测

实时监控车辆的油耗变化，并生成历史时段油量变化报表或油量曲线图，进而直观反映出油量的正常消耗与非正常消耗及加油数量不足等现象，达到油耗高水平管理，杜绝不良事件的发生（需搭配油量传感器）。

11. 车辆调度

调度人员确定调度车辆或者在地图上画定调度范围，GPS 系统自动向车辆或者画定范围内的所有车辆发出调度命令，被调度车辆及时回应调度中心，以确定调度命令的执行情况。GPS 系统还可对每辆车成功调度次数进行月统计。

四、GPS 的组成

GPS 系统包括三大部分：空间部分——GPS 卫星星座；地面控制部分——地面监控系统；用户部分——GPS 信号接收机。

1. GPS 卫星星座

GPS 卫星的作用：

（1）用两种载波向广大用户连续不断地发送导航定位信号。

（2）在卫星飞越注入站上空时，接收由地面注入站发送到卫星的导航电文和其他有关信息，并通过 GPS 信号电路，适时发送给广大用户。

（3）接收地面主控站通过注入站发送到卫星的高度命令，适时地改正运行偏差或启用备用时钟等。

2. 地面监控系统

地面监控系统包括 1 个主控站、3 个注入站和 5 个监控站。

主控站的功能：

（1）采集数据：主控站采集各个监测站所测得的伪距和积分多普勒观测值、气象要素、卫星时钟和工作状态数据，监测站自身的状态数据以及海军水面兵器中心发来的参考星历。

（2）编辑导航电文：根据采集到的全部数据计算出每颗卫星的星历、时钟改正数、状态数据以及大气改正数，并按一定格式编辑为导航电文，传送到注入站。

（3）诊断功能：对各个地面支撑系统的协调工作进行诊断，对卫星的健康状况进行诊断，并加以编码，向用户发布指示。

（4）调整卫星：根据所测的卫星轨道参数，及时将卫星调整到预定轨道，使其发挥正常作用。而且还可以进行卫星调度，用备用卫星取代失效的工作卫星。

3. GPS 信号接收机

用户部分包括用户组织系统和根据要求安装相应的设备，其中心设备是 GPS 接收机。GPS 接收机是一种特殊的无线电接收机，用来接收导航卫星发射的信号，并以此计算出定位数据。GPS 接收机的结构分为天线单元和接收单元两大部分。GPS 接收机一般用蓄电池电源，同时采用机内、机外两种直流电源。在使用机外电池的过程中，机内电池自动充电。关机后，机内电池供电，以防止丢失数据。

GPS 接收机的主要任务：

（1）能够捕获到按一定卫星高度截止角所选择的待测卫星的信号，并跟踪这些卫星的运行。

（2）对于接收到的 GPS 信号进行变换、放大和处理，以便测量出 GPS 信号从卫星到接收天线的传播时间，解译出 GPS 卫星所发送的导航电文，实时地计算出测站的三维位置、三维速度和时间。

五、GPS 常用术语

（1）坐标。

（2）路标（核心）。

（3）路线。

（4）前进方向。

（5）导向。

（6）日出、日落时间。

六、GPS 的基本定位方式

（1）单点定位：单点定位也叫绝对定位。通常是指在协议地球坐标系中，直接确定观测站相对于坐标系原点（地球质心）绝对坐标的一种定位方法。

（2）相对定位：相对定位（差分定位）是根据两台以上接收机的观测数据来确定观测点之间的相对位置的方法。

七、GPS 在货物运输系统中的应用

1. 车辆 GPS 定位与无线通信系统相结合的指挥管理系统

（1）监控中心部分的主要功能：

①数据跟踪功能；

②图上跟踪功能；

③模拟显示功能；

④决策指挥功能。

（2）车载部分的主要功能有：

①定位信息发送功能；

②数据显示功能；

③调度命令的接收功能。

2. 应用差分 GPS 技术的车辆管理系统

这种集中差分技术可以简化车辆上的设备。车载部分只接收 GPS 信号，不必考虑差分信号的接收。而监控中心则集中进行差分处理，显示、记录和存储。数据通信可采用原有的车辆通信设备，只要增加通信转换接口即可。

由于差分 GPS 设备能够实时提供精确的位置、速度和航向等信息，故车载 GPS 差分设备还可以对车辆上的各种传感器（如记程仪、车速仪和磁罗盘等）进行校准。

可以说，GPS 导航定位在公交、交通系统中的应用前景是非常广阔的。在开发车辆导航应用的同时，也将带动相关的通信技术、信息技术、控制技术、多媒体技术和计算机应用技术的发展。

八、网络 GPS 在物流业中的应用

网络 GPS 是指在互联网上建立一个公共 GPS 监控平台，同时融合卫星定位技术、GSM 数字移动通信技术以及国际互联网技术，在互联网界面上显示 GPS 动态跟踪信息，以实现实时监控动态调动的功能。

1. 网络 GPS 的特点

（1）定位速度快。

（2）信息传输采用 GSM 公用数字移动通信网。

（3）功能多、精度高、覆盖面广。

（4）具有开放度高、资源共享程度高的优点。

2. 网络 GPS 系统的组成

（1）GPS 卫星星座。GPS 工作卫星及其星座由 21 颗工作卫星和 3 颗在轨备用卫星组成 GPS 卫星星座，记作（21 + 3）GPS 星座。24 颗卫星均匀分布在 6 个轨道平面内，轨道倾角为 55 度，各个轨道平面之间相距 60 度，即轨道的升交点赤经各相差 60 度。每个轨道平面内各颗卫星之间的升交角距相差 90 度，一轨道平面上的卫星比西边相邻轨道平面上的相应卫星超前 30 度。

在两万公里高空的 GPS 卫星，当地球对恒星来说自转一周时，它们绕地球运行二周，即绕地球一周的时间为 12 恒星时。这样，对于地面观测者来说，每天将提前 4 分钟见到同一颗 GPS 卫星。位于地平线以上的卫星颗数随着时间和地点的不同而不同，最少可见到 4 颗，最多可见到 11 颗。在用 GPS 信号导航定位时，为了结算测站的三维坐标，必须观测 4 颗 GPS 卫星，称为定位星座。这 4 颗卫星在观测过程中的几何位置分布对定位精度有一定的影响。对于某地某时，甚至不能测得精确的点位坐标，这种时间段叫做"间隙段"。但这种时间间隙段是很短暂的，并不影响全球绝大多数地方的全天候、高精度、连续实时的导航定位测量。GPS 工作卫星的编号和试验卫星基本相同。

（2）地面监控系统。对于导航定位来说，GPS 卫星是一动态已知点。星的位置是依据卫星发射的星历——描述卫星运动及其轨道的参数算得的。每颗 GPS 卫星所

播发的星历，是由地面监控系统提供的。卫星上的各种设备是否正常工作，以及卫星是否一直沿着预定轨道运行，都要由地面设备进行监测和控制。地面监控系统另一重要作用是保持各颗卫星处于同一时间标准——GPS 时间系统。这就需要地面站监测各颗卫星的时间，求出钟差。然后由地面注入站发给卫星，卫星再由导航电文发给用户设备。GPS 工作卫星的地面监控系统包括 1 个主控站、3 个注入站和 5 个监测站。

（3）GPS 信号接收机。GPS 信号接收机的任务是：能够捕获到按一定卫星高度截止角所选择的待测卫星的信号，并跟踪这些卫星的运行，对所接收到的 GPS 信号进行变换、放大和处理，以便测量出 GPS 信号从卫星到接收机天线的传播时间，解译出 GPS 卫星所发送的导航电文，实时地计算出测站的三维位置，甚至三维速度和时间。

静态定位中，GPS 接收机在捕获和跟踪 GPS 卫星的过程中固定不变，接收机高精度地测量 GPS 信号的传播时间，利用 GPS 卫星在轨的已知位置，解算出接收机天线所在位置的三维坐标。而动态定位则是用 GPS 接收机测定一个运动物体的运行轨迹。GPS 信号接收机所位于的运动物体叫做载体（如航行中的船舰、空中的飞机、行走的车辆等）。载体上的 GPS 接收机天线在跟踪 GPS 卫星的过程中相对地球而运动，接收机用 GPS 信号实时地测得运动载体的状态参数（瞬间三维位置和三维速度）。

3. 网络 GPS 的工作流程

（1）车载单元。按定位方式，GPS 定位分为单点定位和相对定位（差分定位）。单点定位就是根据一台接收机的观测数据来确定接收机位置的方式，它只能采用伪距观测量，可用于车船等的概略导航定位。相对定位（差分定位）是根据两台以上接收机的观测数据来确定观测点之间的相对位置的方法，它既可采用伪距观测量也可采用相位观测量，大地测量或工程测量均应采用相位观测值进行相对定位。

（2）中心。GPS 导航系统卫星部分的作用就是不断地发射导航电文。然而，由于用户接收机使用的时钟与卫星星载时钟不可能总是同步，所以除了用户的三维坐标 x、y、z 外，还要引进一个 Δt 即卫星与接收机之间的时间差作为未知数，然后用 4 个方程将这 4 个未知数解出来。所以如果想知道接收机所处的位置，至少要能接收到 4 个卫星的信号。

GPS 接收机可接收到可用于授时的准确至纳秒级的时间信息；用于预报未来几个月内卫星所处概略位置的预报星历；用于计算定位时所需卫星坐标的广播星历，精度为几米至几十米（各个卫星不同，随时变化）；以及 GPS 系统信息，如卫星状况等。

（3）处理器。综合多颗卫星的数据就可知道接收机的具体位置。要达到这一目的，卫星的位置可以根据星载时钟所记录的时间在卫星星历中查出。而用户到卫星的距离则通过记录卫星信号传播到用户所经历的时间，再将其乘以光速得到（由于大气层电离层的干扰，这一距离并不是用户与卫星之间的真实距离，而是伪距（PR））：当 GPS

卫星正常工作时，会不断地用 1 和 0 二进制码元组成的伪随机码（简称伪码）发射导航电文。GPS 系统使用的伪码一共有两种，分别是民用的 C/A 码和军用的 P（Y）码。C/A 码频率 1.023MHz，重复周期一毫秒，码间距 1 微秒，相当于 300m；P 码频率 10.23MHz，重复周期 266.4 天，码间距 0.1 微秒，相当于 30m。而 Y 码是在 P 码的基础上形成的，保密性能更佳。

4. 网络 GPS 的主要作用

（1）道路工程中的应用。GPS 在道路工程中的应用，主要是用于建立各种道路工程控制网及测定航测外控点等。随着高等级公路的迅速发展，对勘测技术提出了更高的要求，由于线路长、已知点少，因此，用常规测量手段不仅布网困难，而且难以满足高精度的要求。中国已逐步采用 GPS 技术建立线路首级高精度控制网，然后用常规方法布设导线加密。实践证明，在几十公里范围内的点位误差只有 2 厘米左右，达到了常规方法难以实现的精度，同时也大大提前了工期。GPS 技术也同样应用于特大桥梁的控制测量中。由于无须通视，可构成较强的网形，提高点位精度，同时对检测常规测量的支点也非常有效。GPS 技术在隧道测量中也具有广泛的应用前景，GPS 测量无须通视，减少了常规方法的中间环节，因此，速度快、精度高，具有明显的经济和社会效益。

（2）巡更应用。GPS 是英文 Global Positioning System（全球定位系统）的简称。GPS 运用到电子巡更里的优势是如果一个比较长比较远的巡检线路，不需要安装巡检点，直接从卫星上取得坐标信号，主要适用于长距离巡更巡检如电信、森林防火、石化油气管道勘查等。澳普门禁的左光智介绍："但是 GPS 容易受环境的影响，比如因为阴天的森林天上有云、电离层都会对卫星信号产生影响甚至有可能定位不到。"加上 GPS 耗电量大，成本高；最大的局限性是 GPS 不能在封闭的空间内比如大楼里面使用，而巡更产品大部分是用于室内的。

（3）汽车导航和交通管理中的应用。①车辆跟踪。利用 GPS 和电子地图可以实时显示出车辆的实际位置，并可任意放大、缩小、还原、换图；可以随目标移动，使目标始终保持在屏幕上；还可实现多窗口、多车辆、多屏幕同时跟踪。利用该功能可对重要车辆和货物进行跟踪运输。②提供出行路线规划和导航。提供出行路线规划是汽车导航系统的一项重要的辅助功能，它包括自动线路规划和人工线路设计。自动线路规划是由驾驶者确定起点和目的地，由计算机软件按要求自动设计最佳行驶路线，包括最快的路线、最简单的路线、通过高速公路路段次数最少的路线的计算。人工线路设计是由驾驶员根据自己的目的地设计起点、终点和途经点等，自动建立路线库。线路规划完毕后，显示器能够在电子地图上显示设计路线，并同时显示汽车运行路径和运行方法。③信息查询。为用户提供主要物标，如旅游景点、宾馆、医院等数据库，用户能够在电子地图上显示其位置。同时，监测中心可以利用监测控制台对区域内的任意目标所在位置进行查询，车辆信息将以数字形式在控制中心的电子地图上显示出来。④话务指挥。指挥中心可以监测区域内车辆运行状况，对被监控车辆进行合理调度。指挥中心也可随时与被跟踪目标通话，实行管理。⑤紧急援助。通过 GPS 定位和监控管理系统可以对遇有险情或发生事故的车辆进行紧急援助。监控台的电子地图显示求助信息和报警目标，规划最优援助方案，并以报警声光提醒值班人员进行应急处理。

（4）其他应用。GPS 除了用于导航、定位、测量外，由于 GPS 系统的空间卫星上载有的精确时钟可以发布时间和频率信息，因此，以空间卫星上的精确时钟为基础，在地面监测站的监控下，传送精确时间和频率是 GPS 的另一重要应用，应用该功能可进行精确时间或频率的控制，可为许多工程实验服务。此外，据国外资料显示，还可利用 GPS 获得气象数据，为某些实验和工程应用。

时间服务以 GPS 的时间为基准，为领域内的设备提供时间服务，是时间服务器基准时间的重要来源。

全球卫星定位系统 GPS 是开发的最具有开创意义的高新技术之一，其全球性、全能性、全天候性的导航定位、定时、测速优势必然会在诸多领域中得到越来越广泛的应用。在发达国家，GPS 技术已经开始应用于交通运输和交通工程。GPS 技术在中国道路工程和交通管理中的应用还刚刚起步，随着我国经济的发展，高等级公路的快速修建和 GPS 技术的应用研究的逐步深入，其在道路工程中的应用也会更加广泛和深入，并发挥更大的作用。

【实训准备】

将学生分成几组，每组 3~4 人。

【实训地点】

物流专用机房。

【实训时间安排】

整个实训过程安排 6 个课时。

【实训工具】

计算机、51 地图软件。

【实训步骤】

【步骤一】在计算机上安装并打开"51 地图"软件（如图 5-1、图 5-2 所示）。

图 5-1　"51 地图"图标

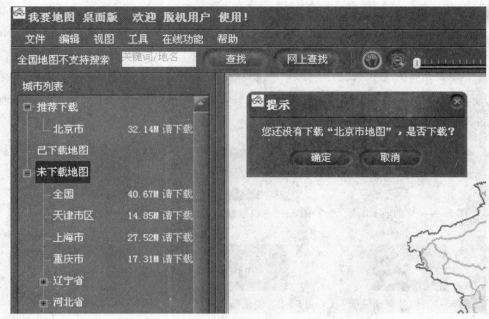

图 5 - 2 "51 地图" 的主界面

【步骤二】安装后左侧城市列表可以看到灰色的城市名称，后面有"请下载"的提示。点击"请下载"后，可以下载城市地图数据，下载成功后城市名称会变黑。这里以北京市为实训背景，同学们下载北京市地图（如图 5 - 3 所示）。

图 5 - 3 51 地图数据导入界面

【**步骤三**】进入 51 地图主界面后，根据老师熟悉浮于地图上方的工具选项的使用，选项由左至右有如下工具：

拖动地图（如图 5 – 4 所示），拉框放大（如图 5 – 5 所示），拉框缩小（如图 5 – 6 所示），测量距离（如图 5 – 7 所示），测量面积（如图 5 – 8 所示），刷新地图（如图 5 – 9 所示），保存地图（如图 5 – 10 所示），打印地图（如图 5 – 11 所示），邮寄地图（如图 5 – 12 所示）。

图 5 – 4　拖动地图图标　　图 5 – 5　拉框放大图标　　图 5 – 6　拉框缩小图标

图 5 – 7　测量距离图标　　图 5 – 8　测量面积图标　　图 5 – 9　刷新地图图标

图 5 – 10　保存地图图标　　图 5 – 11　打印地图图标　　图 5 – 12　邮寄地图图标

【**步骤四**】同城快递或同城物流中，越来越多的运用到了公交地铁等公共交通设备，51地图还包含了公交查询，其中包括换乘查询、线路查询和站点查询。可以通过工具栏上的下拉列表来选择想要查询的内容。选择要进行搜索的城市，可以通过输入关键词来搜索公交站点，也可以通过输入框后面的按钮来直接在地图上选择要搜索的点。51地图桌面版列出 10 条推荐线路供于参考。点击两个输入框中间的交换起终点按钮，可以查询起点和终点交换之后的换乘路线方案。可以点击各条信息，此时地图上会将此线路的路径以及出发点、上车站、换乘站、下车站、到达点标示出来，可以对出行的路线一目了然。以从北京小白羊配送中心出发，到北京西单商场为例，可通过手动输入和地图标注两种方式输入地名（如图 5 – 13、图 5 – 14 所示）。

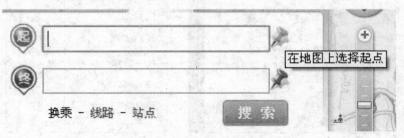

图 5 – 13　起点、终点设置界面

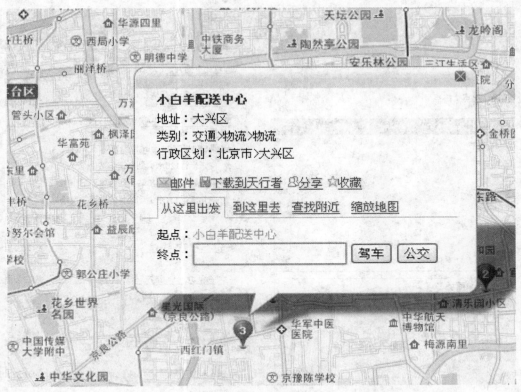

图 5 - 14 终点设置界面

【步骤五】根据老师要求设置起始点和终点后，并根据软件自动联想选择公交站名（如图 5 - 7 所示）。

【步骤六】设置好起点和终点后，点击确定（如图 5 - 15 所示），软件自动生成公交乘坐路径，学生浏览不同的公交路径，如图 5 - 16 所示，从对比路程介绍、从费时短、费用少等方面选择最佳路径（如图 5 - 17、图 5 - 18 所示），同时也可以查看到全程运行的轨迹（如图 5 - 19、图 5 - 20 所示）。

【步骤七】同城公交导航完毕后，点击驾驶导航，进入行车导航模式（如图 5 - 21 所示）。

【步骤八】同样根据老师要求设置好起点和终点，同上是小白羊配送中心到北京西单商场（如图 5 - 22 所示）。

【步骤九】点击确定，软件自动形成路径，点击查看，在电子地图显示路径形象线后，分析软件给出的数据，选择最佳行车路线（如图 5 - 23 所示），同时还能查出详细的驾车文字指引信息（如图 5 - 24 所示）。

【步骤十】运用地图 API 功能，集成 51 地图生活频道相关内容，可自己手动添加本地服务，可导航搜索相关的功能地址。如最近的工商银行、或排行较好的电影院等（如图 5 - 25、图 5 - 26 所示）。

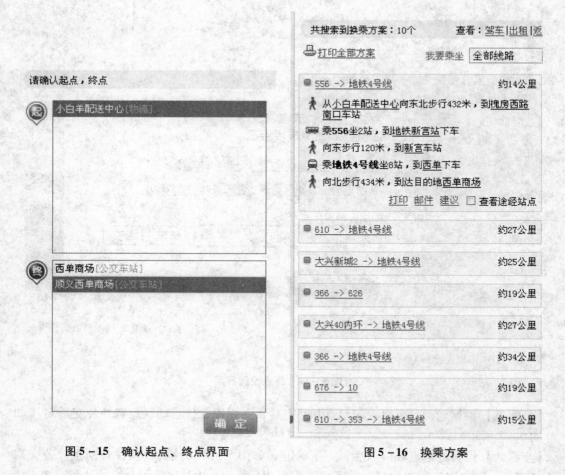

图 5-15　确认起点、终点界面

图 5-16　换乘方案

图 5-17　换乘方案1

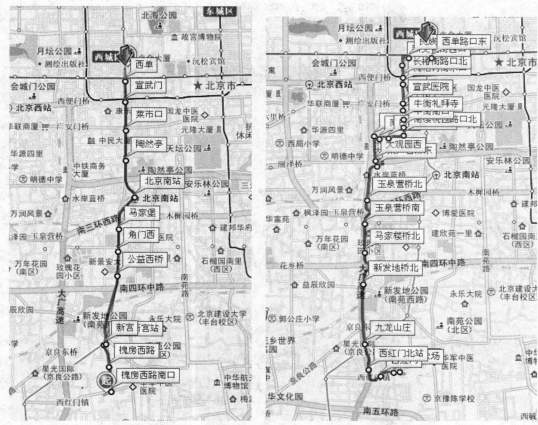

676 -> 10　　　　　　　　　约19公里

🚶 从小白羊配送中心向西步行253米，到同兴园车站

🚌 乘676坐11站，到白纸坊桥北下车

🚶 向东南步行297米，到南菜园车站

🚌 乘10坐11站，到西单路口东下车

🚶 向西北步行544米，到达目的地西单商场

打印　邮件　建议　☑ 查看途经站点

图 5－18　换乘方案 2

图 5－19　路径推荐界面 1　　　　　　图 5－20　路径推荐界面 2

图 5－21　驾驶导航图标

请确认起点，终点

查询范围：北京 [切换城市]

小白羊配送中心[大兴区-北京市]

查询范围：北京 [切换城市]

西单商场-公交车站[北京市]

西单商场[昌平区-北京市]

西单商场[西城区-北京市]

西单商场[朝阳区-北京市]

西单商场社区[海淀区-北京市]

西单商场超市[西城区-北京市]

西单商场超市[昌平区-北京市]

西单商场(政府街店)[昌平区-北京市]

西单商场双绒服大卖场[石景山区-北京市]

确 定

图 5 - 22　起点、终点设置

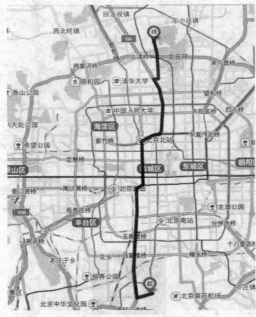

图 5 - 23　行车路径界面

图 5-24　导航的详细指引信息

生活专题

美食　购物　医疗　旅游　房产　娱乐　银行　汽车

工行 建行 中行 农行 交行 招行 民生 华夏 商行 光大 中信
ATM 证券

图 5-25　51 地图生活导航界面

【注意事项】
　　（1）学生应按照实训任务完成相关操作。
　　（2）学生不应访问与教学无关的网站。
　　（3）学生要遵守机房的上机制度。
【实训评价】
　　GPS 应用技能实训评价如表 5-1 所示。

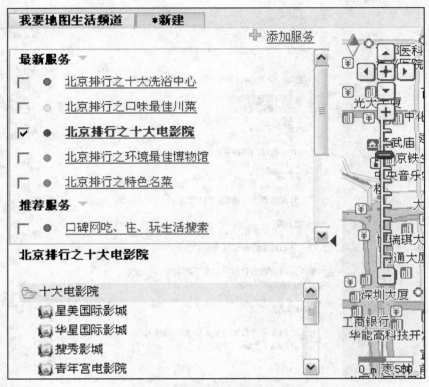

图 5-26 51 地图生活导航搜索界面

表 5-1   GPS 应用技能实训评价

考评人		被考评人	
考评地点			
考评内容	GPS 应用技能		
考评标准	具体内容	分值（分）	实际得分（分）
	正确开机	15	
	检查网络连接，安装 51 地图	15	
	通过输入正确的账号和密码登录到系统操作主页面	35	
	可以在地图上设计起点、终点位置点，并进行任务设定，完成任务要求	35	
合　计		100	

任务二　GIS 在物流中的应用

【任务情景】

GIS 是一种基于计算机的工具，它可以对空间信息进行分析和处理（简而言之，是对地球上存在的现象和发生的事件进行成图和分析）。GIS 技术把地图这种独特的视觉化效果和地理分析功能与一般的数据库操作（例如查询和统计分析等）集成在一起。同学们通过对图形天下网站的浏览，了解 GIS 对空间信息的分析和处理过程，以及一般地理信息网站所收集的地理信息。

【实训目标】

1. 了解 GIS 的特性、基本功能和构成。
2. 掌握 GIS 在物流分析过程及物流信息系统中的应用。

【实训相关知识】

一、GIS 的特性

1. 具有采集、管理、分析和输出多种地理空间信息的能力。
2. 以地理研究和地理决策为目的。
3. 由计算机系统支持进行空间地理数据管理。

二、GIS 功能

1. 基本功能

（1）数据采集与编辑：地理信息系统的数据通常归纳为不同性质的专题和层，数据的采集与编辑就是把各层地理要素转化为空间坐标及属性对应代码输入到计算机中。

（2）数据存储与管理：数据库是数据存储与管理的主要技术，地理信息系统数据库（或称为空间数据库）是地理要素特征以一定的组织方式存储在一起的相关数据的集合。

（3）数据处理和变换：由于地理信息系统涉及的数据类型多种多样，同一种类型的数据的质量也可以有很大的差异，所以数据的处理和变换极为重要，常见的数据处理的操作有：数据的变换、数据重构和数据抽取。

（4）空间分析和统计：空间分析和统计功能是地理信息系统的一个独特研究领域，其特点是帮助确定地理要素之间新的空间关系，常用的空间分析有：叠合分析、缓冲区分析和数字地形分析。

（5）产品制作与演示：地理信息系统产品是指经由地理信息系统处理和分析的结果，可以直接输出。

（6）二次开发和编程：用户可以方便的编制自己的地理信息系统应用程序，生成可视化用户界面，完成地理信息系统的各项功能和开发。

2. 应用功能

（1）资源管理：地理信息系统可直接对数据库查询显示、统计、制图以及提供区域多种组合条件的资源分析，为资源的合理开发利用和规划决策提供条件。

（2）区域规划：地理信息系统是规划人员将空间信息和属性信息紧密结合的强有力工具。

（3）国土检测：地理信息系统可有效用于森林火灾的预测预报、洪水灾情检测和淹没损失估算、土地利用动态变化分析和环境质量的评估研究。

（4）辅助决策：地理信息系统利用的数据和英特网传输技术，可以深化电子商务的应用、满足企业决策多维性的需求。

三、GIS 的构成

1. 系统硬件

它的基本作用是用以存储、处理、传输和显示地理或空间数据，它主要包括数据输入设备（如卫星遥感影像接收机、GPS、扫描仪、数字化仪等）、数据处理设备（PC 或工作站、服务器或大型机）和数据输出设备（如绘图仪、打印机、大屏幕等）。

2. 系统软件

它是整个系统的核心，用于执行地理信息系统功能的各种操作，它包括数据输入、处理、数据库管理、空间分析和数据输出等，一个完整的地理信息系统有很多的软件协同作用，这些软件按照功能可分为：地理信息系统功能软件（GIS 功能软件）、基础支持软件、操作系统软件（如 Microsoft Windows 系列、UNIX/Linux 系列和 Apple Mac OS 系列等）。

3. 空间数据

地理信息系统的操作对象是地理数据，它描述地理现象的空间特征、属性特征，地理数据包含：

（1）空间数据，它是指描述空间位置及其相互关系的数据，它分为矢量数据（点、先、面等）、栅格数据（平面、曲面）；

（2）属性数据，它是对地理现象的名称、类型和数量的数据描述；

（3）时态数据，它是描述对象的时空变化的状态、特点和过程。

4. 应用人员

地理信息系统应用人员包括系统开发人员和地理信息系统的最终用户，他们的业务素质和专业知识是地理信息系统工程及其应用成败的关键。

5. 应用模型

地理信息系统是为某一特定的实际工作而建立的运用地理信息系统的解决方案，

其构建和选择也是系统应用成败至关重要的因素。例如：选址模型、洪水预测模型、人口扩散模型、森林增长模型、水土流失模型、最优化模型和影响模型。

四、GIS 的发展动态

1. GIS 面向对象的技术研究

面向对象技术为人们在计算机上直接描述物理世界提供了一条适合于人类思维模式的方法。

2. GIS 的时空系统

传统的 GIS 只考虑地物的空间特性，忽略了其时间特性。在许多应用领域，如环境监测、地震救援和天气预报等，空间对象是随时间变化的，而这种动态变化的规律在求解过程中起着十分重要的作用。

3. 地理信息建模系统

目前通用的 GIS 大多通过提供进行二次开发的工具和环境来解决用于专门领域的独特的专用分析模型。

4. 三维 GIS 的研究

三维 GIS 是许多应用领域对 GIS 的基本要求。

5. 综合技术

GIS 技术的综合主要体现在 GIS 与其他信息技术的结合上，常说的"3S"，或 GIS、遥感和 GPS 的一体化，就是技术综合的体现。

6. 分化技术

组件式 GIS 和 Web GIS 已经成为许多大型 GIS 公司产品的开发方向。

五、GIS 的应用特点

（1）GIS 应用领域不断扩大。

（2）GIS 应用研究不断深入。

（3）GIS 应用社会化。

（4）GIS 应用全球化。

（5）GIS 应用环境网络化、集成化。

（6）GIS 应用模型多样化。

六、GIS 的基本应用领域

（1）GIS 资源管理。

（2）GIS 资源配置。

（3）GIS 城市规划和管理。

（4）GIS 土地信息系统和地籍管理。

（5）GIS 生态、环境管理与模拟。

（6）GIS 应急响应。

（7）GIS 地学研究与应用。

（8）GIS 商业与市场。

（9）GIS 基础设施管理。

（10）GIS 选址分析。

（11）GIS 网络分析。

（12）GIS 可视化应用。

（13）GIS 分布式地理信息应用。

七、GIS 在物流领域的应用

GIS 技术是一个空间信息的决策支持系统，具有数据获取、数据存储、空间数据分析、空间数据推导、结果显示和对最终决策的支持等功能。

1. GIS 应用于物流分析

GIS 应用于物流分析，是指利用 GIS 强大的地理数据功能来完善物流分析技术。可以解决物流中运输路线的选择、仓库位置的选择、仓库的容量设置、合理装卸策略、运输车辆的调度和投递路线的选择等问题。

2. GIS 在物流信息系统中的应用

（1）GIS 在配送中心信息系统中的应用：通过客户邮政编码和详细地址字符串自动确定客户的地理位置（经纬度）和客户所在的区站、分站和投递段。

（2）GIS 在客户服务端的应用：客户通过物流信息系统调用数据库查询，结果能够实现可视化功能，如地图或图表显示，还可实现分析功能，如计算两地间的距离。

（3）GIS 在查询货物动态情况时的应用：如汽车安装了 GPS，物流企业或客户可通过对物流业务系统的调用，随时查询在途货物的动态情况。

3. GIS 在物流电子商务中的应用

当 GIS 与 Internet 以及无线通信相连时，所发挥的作用就更大了。它运用了位置信息技术，进一步提高企业实现电子商务的竞争实力。针对业务在地理信息方面的需求，以业务数据图形化管理和业务机构、业务对象图形化编辑为核心，从客户、产品和业务结构 3 个管理层面上实现对业务的全面图形化管理。

【实训准备】

全班分组，每组 3~4 人。

【实训地点】

物流专用机房。

【实训时间安排】

整个实训过程安排 4 个课时。

【实训工具】

计算机，Internet 网络连接。

【实训步骤】

【步骤一】在浏览器中输入 http：//www. go2map. com/，进入搜狗地图网站的首页（如

图 5-27 所示），在首页的上方，提供了地图搜索的工具（如图 5-28 所示），同时也能查询公交或者自驾的路径；在首页的左侧，提供了出行工具箱（如图 5-29 所示），可以显示实时路况、附近加油站的位置、附近停车场的位置等地理信息。

图 5-27 搜狗地图首页

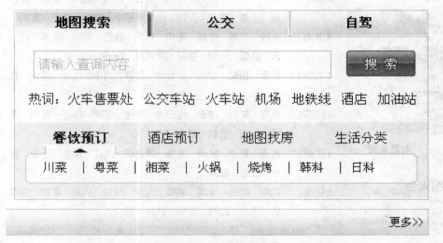

图 5-28 地图搜索工具

【步骤二】点击城市下方的更改按钮（如图 5-30 所示），会展开一个城市列表（如图 5-31 所示），选择要查询的城市，就可以切换到相应城市地图中。

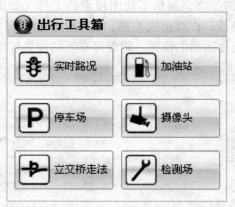

图 5-29 出行工具箱

北京
[更改]

图 5-30 城市更改按钮

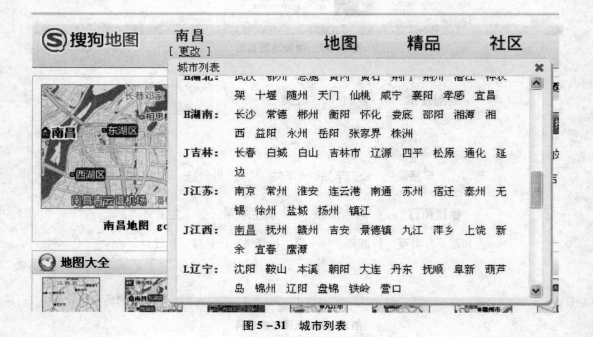

图 5-31 城市列表

【步骤三】选择南昌，进入南昌区域内的操作界面（如图 5-32 所示）。

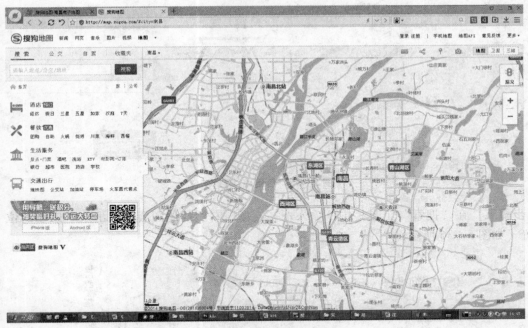

图 5 - 32 南昌区域地图

【步骤四】界面中提供了公交、自驾等多种查询导航方式（如图 5 - 33、图 5 - 34 和图 5 - 35 所示）。

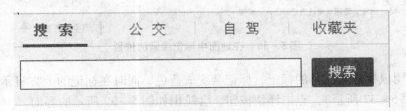

图 5 - 33 位置查询

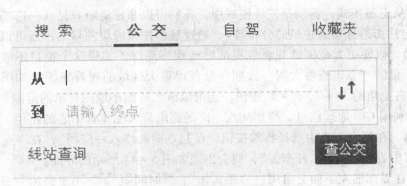

图 5 - 34 公交路线查询

图 5-35　自驾路线查询

【步骤五】在"搜索"工具栏中，输入八一广场，右侧的地图会标记出八一广场的位置（如图 5-36 所示）。

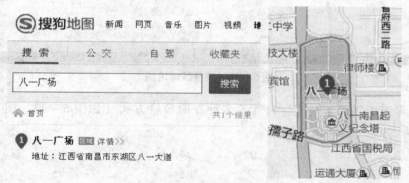

图 5-36　在地图中标记搜索的位置

【步骤六】用鼠标点击红色的标记，标记会变成蓝色，同时在标记的上方显示一个详情界面（如图 5-37 所示），点击详情按钮，会跳出如图 5-38 所示的界面。

【步骤七】在右侧，有三种显示的模式（如图 5-39 所示），分别是地图模式（如图 5-40 所示）、卫星模式（如图 5-41 所示）和三维模式（如图 5-42 所示）。

【步骤八】从卫星模式，特别是三维模式中，我们可以非常清晰看见八一广场周边的地理信息（包括街道分布、建筑的分布等），通过显示按钮滑块的移动，还可以放大和缩小显示画面，以便更大范围的观看或更清晰地观察局部。如果这个窗口不够用，还可以点击右上角的"点击查看大图"按钮，已获得更大区域的观看界面（如图 5-43 所示），通过右上角的"＋"，"－"按钮，还可以放大或缩小地图显示的范围。

【步骤九】利用 GIS 地理信息，规划从八一广场到南昌国际体育中心的路径，并测量其路程的距离。在搜索工具中选择自驾按钮，在起点输入"八一广场"，在终点输入"南昌国际体育中心"，点击"开车去"，便会出现如图 5-44 所示的界面。

【步骤十】在界面的左下侧会给用户"距离短"，"时间短"，"不走高速"三种方案作为选择，同时还会标注途经点的信息（如图 5-45、图 5-46 和图 5-47 所示）。

图 5 - 37　转入详情信息的标签

图 5 - 38　八一广场的详情信息界面　　　　　图 5 - 39　三种显示的模式

图 5－40　地图模式

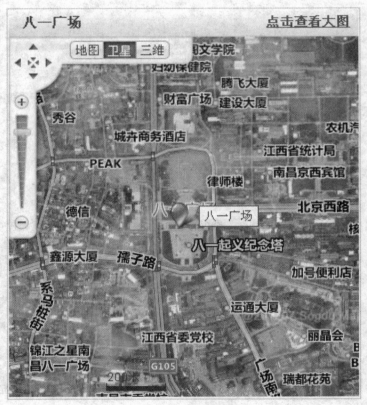

图 5－41　卫星模式

图 5 – 42　三维模式

图 5 – 43　大区域显示地图

图 5 – 44　自驾路径

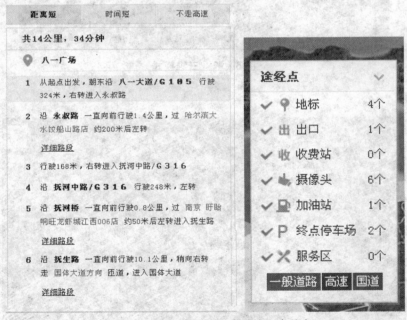

图 5 – 45　"距离短"方案及途经点信息

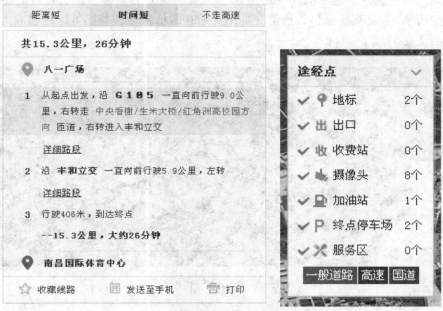

图 5-46 "时间短"方案及途经点信息

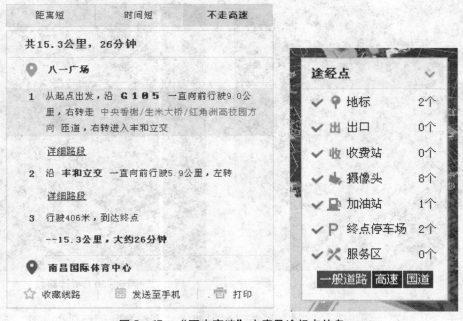

图 5-47 "不走高速"方案及途经点信息

【步骤十一】在界面的右侧，有一个很大的地图展示区（如图 5-48 所示），在这个区域中显示了车辆整个运行的路经，并且路径一般道路用红色标注，高速公路用蓝色标注，国道用紫色标注。途经的加油站等信息，也用相应的图标标注。转弯的路段（如图 5 - 49 所示）、立交桥出口、桥梁（如图 5 - 50 所示）等，我们可以通过放大显示地图来查看道路的细节。

图 5 - 48　地图展示区

图 5 - 49　转弯路段

图 5 - 50　桥梁路段

【步骤十二】　如果地图推荐的路径，道路出现了拥堵，不符合我们行驶的要求，还可以通过增加途经点（如图 5 - 51、图 5 - 52 所示）来改变行驶的路径，避开拥堵的路段。例如系统推荐的是走南昌大桥，但是由于南昌大桥在南昌市的中心区，经常会出现拥堵，改走城郊的生米大桥，因此添加一个生米大桥的途经点，车辆整个的行驶路径就发生了变化（如图 5 - 53 所示），因此熟练应用 GIS，可以为车辆路径的选择做更好的规划。

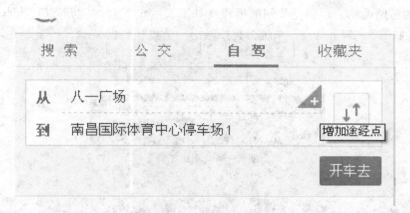

图 5 - 51 增加途经点

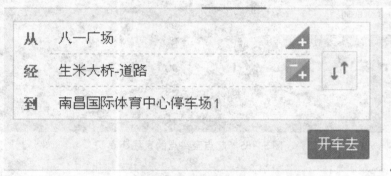

图 5 - 52 增加途经点

图 5 - 53 改走生米大桥后的行车路径

【步骤十三】定下了规划的路线后，测量在该路径下，起点到终点的距离。首先选取地图上方的测距工具（如图 5 – 54 所示），点击起点和终点，便可以测量出这两点间的直线距离（如图 5 – 55 所示），按照实际路径，在每一个拐点都点击一次，就可以测量出真实的道路距离，也就是我们的里程（如图 5 – 56 所示）。也可以直接点击"沿道路测距"（如图 5 – 57 所示），系统会直接给出一个里程数据。

图 5 – 54　测距工具

图 5 – 55　起点至终点的直线距离

图 5 – 56　里程距离

图 5 – 57　沿道路测距按钮

【注意事项】

（1）老师要监督学生完成指定的路线查询，防止学生访问与教学无关的网站。

（2）学生要遵守机房的上机制度。

【实训评价】

GIS 在物流系统中的应用实训评价如表 5 – 2 所示。

表 5 – 2　　　　　GIS 在物流系统中的应用实训评价

考评人		被考评人	
考评地点			
考评内容	GIS 在物流系统中的应用		
考评标准	具体内容	分值（分）	实际得分（分）
	熟练操作中心信息窗	15	
	熟练操作位置服务	20	
	熟练利用增减途经点规划路径	20	
	熟练操作测距工具	15	
	熟练操作三种地图模式	20	
	熟练操作三种搜索模式	10	
合　计		100	

项目六　EOS与EFT在物流中的应用

任务一　EOS 在物流中的应用

【任务情景】

　　越来越多的连锁经营企业总部将订货数据输入计算机，通过计算机和网络将资料传递到商品的供应商处。连锁企业分店可以用 EOS 系统向配送中心进行订货管理以及企业盘点管理等。EOS 可以处理从商品资料的说明到会计结算等所有商品交易过程的作业，连锁经营企业利用 EOS 系统可以有效地缩短进货的时间，降低仓储成本，提高运营效率。

【实训目标】

　　1. 掌握 EOS 的基本概念、作用及构成要素。

　　2. 掌握 EOS 的主要业务流程。

　　3. 了解 EOS 给企业带来的效益及自身的发展趋势。

【实训相关知识】

一、EOS 的概念

　　EOS（Electronic Ordering System），即电子订货系统，是指将批发、零售商场所发生的订货数据输入计算机，通过计算机通信网络连接的方式即可将数据传送至总公司、批发业、商品供货商或制造商处。因此，EOS 能处理从新商品资料的说明直到会计结算等所有商品交易过程中的作业，可以说 EOS 涵盖了整个商流。

二、EOS 在企业物流管理中的作用

　　（1）对传统的订货方式，EOS 可以缩短从接到订单到发出订货的时间，缩短订货商品的交货期，减少商品订单的出错率，节省人工费用，提高订货效率。

　　（2）EOS 可以及时补充库存，加速商品的周转，有利于减少企业库存水平和库存资金，提高企业的库存管理效率，防止商品特别是畅销商品缺货现象的出现。

　　（3）对于生产厂家和批发商来说，通过分析零售商的商品订货信息，能准确判断畅销商品和滞销商品，有利于企业调整商品生产和销售计划。

　　（4）有利于提高企业物流信息系统的效率，使各个业务信息子系统之间的数据交换更加便利和迅速，丰富企业的经营信息。

三、EOS 系统的结构和作用

1. 结构

电子订货系统的构成内容包括：订货系统、通信网络系统和接单电脑系统。EOS 的系统结构如图 6 – 1 所示。

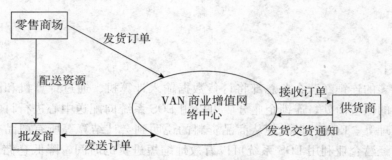

图 6 – 1   EOS 系统结构

就门店而言，只要配备了订货终端机和货价卡（或订货簿），再配上电话和数据机，就可以说是一套完整的电子订货配置。

就供应商来说，凡能接收门店通过数据机的订货信息，并可利用终端机设备系统直接作订单处理，打印出出货单和检货单，就可以说已具备电子订货系统的功能。

就整个社会而言，标准的电子订货系统决不是"一对一"的格局，即并非单个的零售店与单个的供应商组成的系统，而是"多对多"的整体运作，即许多零售店和许多供货商组成的大系统的整体运作方式。

2. 作用

EOS 系统中的批发商、零售商、供货商、商业增值网络中心，在商流中的角色和作用为：

（1）批发、零售商的作用

采购人员根据 MIS 系统提供的功能，收集并汇总各机构所要的商品名称、要货数量，根据供货商的可供商品货源、供货价格、交货期限、供货商的信誉等资料，向指定的供货商下达采购指令。采购指令按照商业增值网络中心的标准格式进行填写，经商业增值网络中心提供的 EDI 格式转换系统而成为标准的 EDI 单证，经由通信界面将订货资料发送至商业增值网络中心。然后等供货商发回有关信息。

（2）商业增值网络中心的作用

不参与交易双方的交易活动，只提供用户连接界面，每当接收到用户发来的 EDI 单证时，自动进行 EOS 交易伙伴关系的核查，只有互有伙伴关系的才能进行交易，否则视为无效交易。确定有效交易关系后还必须进行 EDI 单证格式检查，只有交易双方均认可的单证格式，才能进行单证传递，并对每笔交易进行长期保存，供用户今后查询或在交易双方发生贸易纠纷时，可以根据商业增值网络中心所储存的单证内容作为司法证据。

（3）供货商的作用

根据商业增值网络中心转来的 EDI 单证，经商业增值网络中心提供的通信界面和 EDI 格式转换系统而成为一张标准的商业订单，根据订单内容和供货商的 MIS 系统提供的相关信息，供货商可及时安排出货，并将出货信息通过 EDI 传递给相应的批发、零售商，从而完成一次基本的订货作业。

四、电子订货系统的流程（如图 6-2 所示）

（1）在零售店的终端利用条码阅读器获取准备采购的商品条码，并在终端机上输入订货资料，利用网络传到批发商的计算机中。

（2）批发商开出提货传票，并根据传票开出拣货单，实施拣货，然后根据送货传票进行商品发货。

（3）送货传票上的资料便成为零售商店的应付账款资料及批发商的应收账款资料，并接到应收账款的系统中去。

（4）零售商对送到的货物进行检验后，就可以陈列出售了。

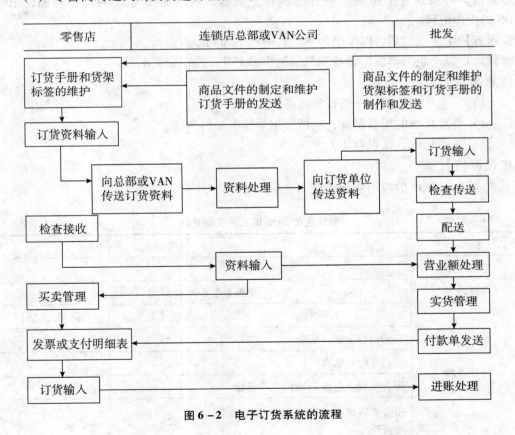

图 6-2 电子订货系统的流程

【实训准备】

（1）和江西新华发行集团联系好时间。

（2）和学校协调好校车的调度。

【实训地点】

江西新华发行集团。

【实训时间安排】

整个实训过程安排 8 个课时。

【实训工具】

笔，笔记本。

【实训步骤】

【步骤一】 老师组织学生去江西新华发行集团参观。

【步骤二】 学生分为 3 个小组，小组成员分工，跟随江西新华发行集团的引导员进行企业参观。

【步骤三】 小组成员做好参观的图文记录，根据企业的实际作业流程，思考 EOS 在该企业的作用。

【步骤四】 仔细观看企业 EOS 操作员的作业流程，观看 EOS 系统的操作界面，记录 EOS 的操作流程。

【步骤五】 学生返校后，以小组为单位，进行书面的参观总结。

【步骤六】 以小组为单位，将参观总结制作成 PPT，进行全班汇报

【注意事项】

（1）学生外出参观，一切行为听指挥。

（2）尊重企业的规章制度，不做有损学校形象的事情。

（3）文明礼貌，仪表得体大方。

【实训评价】

参观企业 EOS 的应用实训评价如表 6-1 所示。

表 6-1　　　　　　　　　　参观企业 EOS 的应用实训评价

考评人		被考评人	
考评地点			
考评内容	参观企业 EOS 的应用		
	具体内容	分值（分）	实际得分（分）
考评标准	记录内容全面、准确	25	
	报告及时、认真	25	
	报告明确该企业 EOS 的业务流程	25	
	报告要有该企业 EOS 的结构及功能流程	25	
合　计		100	

任务二　以招商银行手机银行为例，进行电子转账

【任务情景】

智能手机带给我们非常多的方便，越来越多的银行都开发了手机银行，现在利用无线网络和手机，就能轻松地完成电子资金转账了。特别是招商银行，在 2013 年 1 月 1 日至 2015 年 12 月 31 日，在用手机跨省跨行转账不但免手续费了，而且即时到账。同学们可以在自己的手机上安装招商银行手机银行的客户端，尝试一次方便、快捷、免手续费的电子资金转账吧。

【实训目标】

比较传统支付方式与电子支付方式的优缺点，掌握电子资金转账系统的操作流程。

【实训相关知识】

一、EFT 的定义

电子资金转账（Electronic Funds Transfer，EFT），又称电子资金传输，是利用计算机系统及网络系统进行的公司和银行之间或者两个银行之间的价值（Value）的电子传输。

二、电子支付的特点

（1）电子支付是采用先进的技术通过数字流转来完成信息传输的，其各种支付方式都是采用数字化的方式进行款项支付的。

（2）电子支付的工作环境是基于一个开放的系统平台（即 Internet）之上。

（3）电子支付使用的是最先进的通信手段，如 Internet 和 Extranet；电子支付对软、硬件设施的要求很高，一般要求有联网的微机、相关的软件及其他一些配套设施。

（4）电子支付具有方便、快捷、高效、经济的优势，用户只要拥有一台上网的 PC 机，便可足不出户，在很短的时间内完成整个支付过程。支付费用仅相当于传统支付的几十分之一，甚至几百分之一。

三、我国当前 EFT 的发展趋势

（1）EFT 的一个实质性效益是降低了成本，它还可以改善现金管理、防止支票的丢失或被窃。当期限内付款可以打折扣时，还可消除清结日期方面的问题。

（2）我国的"金卡工程"——电子货币工程。"金卡工程"要实现"一卡在手，走遍天下"的目标，关键在于要有一个将全国地区及国际金融网联结起来的计算机网络。"金卡工程"的实施，正是 EFT 在我国金融领域的具体应用，当银行系统与零售店用于销售的计算机系统（POS）联机后，使用电子货币——信用卡进行支付时，就构成了 EFT 系统。我国"金卡工程"中 EFT 系统的主要内容是：信用卡、POS 终端、现金出纳机（CD 机和 ATM 机）、数据通信网络、中转站、资金清算与复核中心以及地区性 ACH。

（3）EFT 是已从事 EDI 的公司的一种合理扩充。

【实训准备】

（1）到银行申请银行卡。

（2）开通此卡的网上银行和手机银行。

【实训地点】

物流专用机房/

【实训时间安排】

整个实训过程安排 4 个课时。

【实训工具】

智能手机，WiFi 网络或无线互联网。

【实训步骤】

【步骤一】在你的手机上安装并登录招行网银，并点击招商银行图标（如图 6 - 3 所示）。

图 6 - 3　招商银行手机银行图标

【步骤二】进入手机银行界面后，选择"转账汇款"（如图 6 - 4 所示）。

【步骤三】在弹出的"自助转账"界面中，含有"转账汇款""信用卡还款""二维码转账""协议转账""定活互转""通知存款转账""证券期现货转账""手机号转账""壹基金协议查询"九个子菜单，选择其中的"转账汇款"（如图 6 - 5 所示）。

图 6 - 4　手机银行"我的最爱"界面

图 6 - 5　手机银行"自助转账"界面

【步骤四】在弹出的"转账汇款"界面中，含有"同行转账""跨行转账""收款方信息管理""转账汇款查询"四个子菜单，选择"跨行汇款"（如图 6 - 6 所示）。

【步骤五】在"跨行转账"界面中含有"普通""快速""实时"三种转账速度的选择，由于 2015 年年底，转账手续费全免，转账速度在 10 秒内到达对方银行，因此选择实时，填写收款方户名（即填写收款人的姓名），选择相应的收款方开户行（即对方开户的银行），填写收款方的账号，在"转账金额"栏中输入要转账的金额，如果转账成功后，要用短信通知对方，可以在"短信通知对方"栏中，填写对方的手机号（也可以从手机电话簿中调用对方的手机号），最后核对一遍所填的信息，如果没有错误，点击"下一步"（如图 6 - 7 所示）。

图6-6　点选"跨行转账"

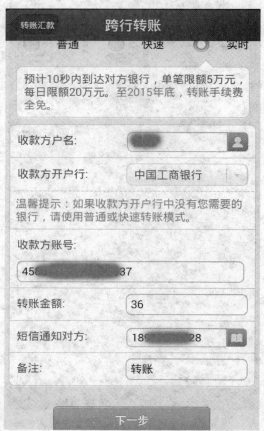

图6-7　跨行转账表单界面

【步骤六】系统会再次将前面所填的信息罗列出来，再次核对信息无误，用你的手机获取短信验证码，当手机收到银行发过来的验证码后，填入短信验证码，在"取款密码"栏中输入相应的密码，然后点击"确定"（如图6-8所示）。

【步骤七】稍等即可转账成功，并弹出提示。注意转账手续费为0元（如图6-9所示）。

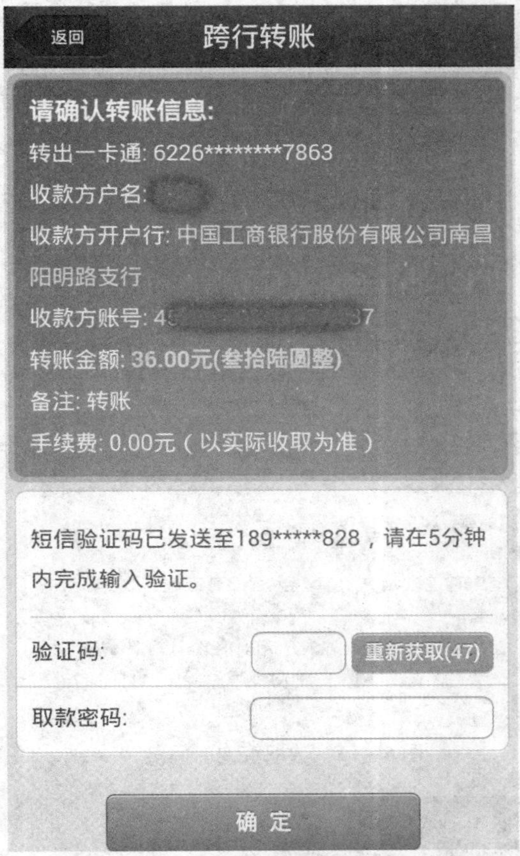

图 6 - 8　跨行转账确认信息

图 6 - 9　转账成功提示界面

【**步骤八**】在弹出的"转账汇款"界面中选择"转账汇款查询"（如图 6 - 10 所示）。

【**步骤九**】选择要查询的账号和日期后点击"查询"（如图 6 - 11 所示）。

【**步骤十**】显示汇款查询结果（如图 6 - 12 所示）。

图 6－10　点选转账汇款查询

图 6－11　选取查询时间段

图 6－12　转账汇款查询结果

【注意事项】

（1）第一次开启手机银行，必须要到银行柜台办理。

（2）手机银行最好在 3G 以上网络使用，或者在加密后的 WiFi 环境中使用时，保证比较快的交易速度。

（3）在支付过程中，教师应提前给学员讲解一些手续费用和安全问题，避免不必要的损失。

【实训评价】

EFT 的应用实训评价如表 6 - 2 所示。

表 6 - 2　　　　　　　　　　　　EFT 的应用实训评价

考评人		被考评人	
考评地点			
考评内容	EFT 的应用		
考评标准	具体内容	分值（分）	实际得分（分）
	成功到银行开通手机银行	25	
	成功在手机中安装招商银行客户端	25	
	成功完成一次跨行转账	25	
	查询一次转账的交易	25	
合　计		100	

参考文献

［1］ 卢少平．物流信息技术与应用［M］．武汉：华中科技大学出版社，2009．

［2］ 李贞．物流信息技术与应用［M］．北京：航空工业出版社，2011．

［3］ 王晓平．物流信息技术［M］．北京：清华大学出版社，2011．

［4］ 刘羿，谢先彬．电子商务网络技术基础［M］．北京：高等教育出版社，2010．

［5］ 邵兵家．电子商务概论［M］．3 版．北京：高等教育出版社，2011．

［6］ 王淑荣．物流信息技术［M］．北京：机械工业出版社，2010．

［7］ 周南岳．计算机应用基础［M］．北京：高等教育出版社，2007．

［8］ 汤国安．ArcGIS 地理信息系统空间分析试验教程［M］．北京：科学出版社，2006．

［9］ 吴信才．地理信息系统原理与方法［M］．北京：电子工业出版社，2002．

［10］ 刘大杰．全球定位系统（GPS）的原理与数据处理［M］．上海：同济大学出版社，2007．

［11］ 段新昱，徐甜．Visual FoxPro 数据库技术与应用［M］．2 版．北京：科学出版社，2013．

［12］ 王维民．电子商务与物流［M］．北京：科学出版社，2009．

［13］ 李清平．局域网路由与交换技术实训［M］．北京：清华大学出版社，2012．

［14］ 中国就业培训技术指导中心．电子商务师——国家职业资格培训教程［M］．北京：中央广播电视大学出版社，2005．